용기를 내어 당신이 생각하는 대로 살아야 합니다.
그렇지 않으면 머지않아 당신은 사는 대로 생각하게 될 것입니다.
– 폴 부르제(프랑스의 시인, 철학자)

Il faut vivre comme on pense,
sans quoi l'on finira par penser comme on a vécu.
– Paul Bourget

매듭으로 만드는 DIY

팔찌 & 액세서리

부티크사 지음 | 양정우 옮김
한국서양매듭협회 감수

터닝
포인트

매듭으로 만드는 DIY

팔찌 & 액세서리

2014년 4월 14일 초판 1쇄 인쇄
2014년 6월 20일 초판 2쇄 발행

지은이　　부티크사
옮긴이　　양정우
펴낸이　　정상석
기획·편집　　문희언
편집·표지 디자인　　앤미디어

펴낸 곳　　터닝포인트
등록번호　　2005. 2. 17 제6−738호
주소　　서울시 마포구 연남로 97−1 3층
대표전화　　(02)332−7646
팩스　　(02)3142−7646
홈페이지　　www.diytp.com
ISBN　　978−89−94158−55−6 13630
정가　　12,000원

내용 및 원고 집필 문의　　diamat@naver.com
(터닝포인트는 삶에 긍정적 변화를 가져오는 좋은 원고를 환영합니다.)

매듭으로 만드는

팔찌 & 액세서리

DIY

Contents ▲▲▲

★ 일러두기

• 일본 저작권사의 요청으로 책에서 사용한 햄프 끈은 모두 국내에서 구입할 수 있는 것으로 대체하여 기재했습니다. 또한, 부속품도 국내에서 구입 가능한 것으로 대체하여 사용하시기 바랍니다. 대체 끈과 부속품을 사용한 경우 완성품이 책과 다소 다를 수 있습니다.

• 햄프란 대마를 말합니다. 매끈한 질감과 팽팽한 것이 특징입니다. 이 책에서 기재한 햄프 끈은 이솜하우스(2somhouse.com)의 햄프 스토리(HEMP STORY) 1mm 끈 입니다.

도구와 재료 ▲▲▲

매듭 액세서리 만들기에 필요한 도구와 이 책의 작품에 사용한 재료를 발췌해서 소개합니다.

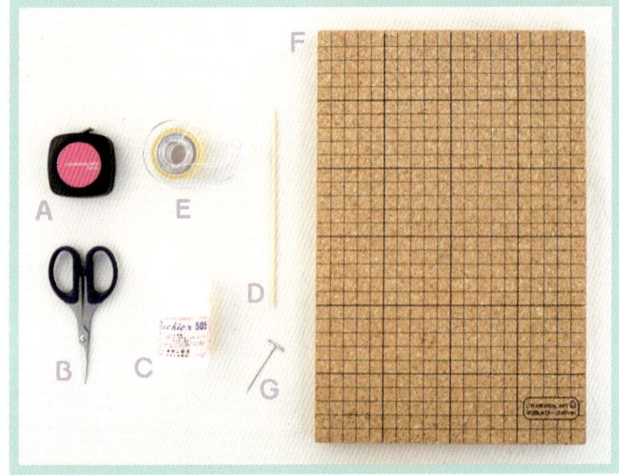

도구

A 자
끈의 길이나 작품의 사이즈를 측정합니다.

B 가위
잘 드는 수공예용이 편리합니다.

C 접착제
건조가 빠르고 다양한 소재에 사용할 수 있는 강력접착제입니다.

D 대꼬챙이
접착제를 바를 때 사용합니다.

E 투명 테이프
햄프가 움직이지 않도록 고정하거나 비즈를 끼울 때 햄프의 앞부분을 모으는 데 사용합니다.

F 코르크 보드　　G 마크라메 핀
액세서리를 만들 때 코르크 보드에 마크라메 핀을 찔러서 햄프를 고정합니다.

❶ 햄프
햄프는 대마를 꼰 실입니다. 굵기는 가는 타입, 중간 타입, 두꺼운 타입이 있고, 믹스 등 색상 조합도 다양하므로 취향대로 작품에 맞게 선택하세요.

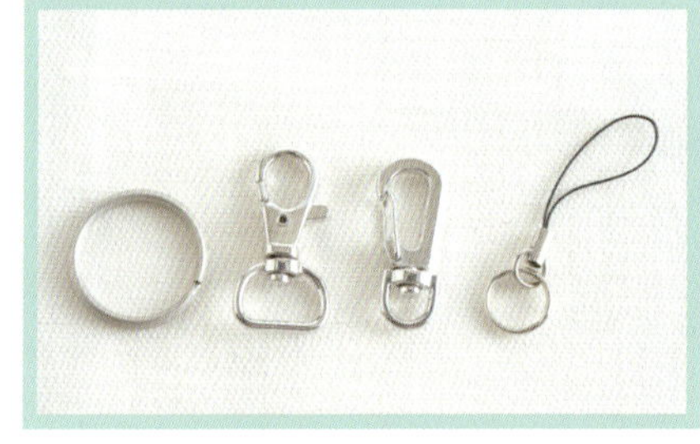

❷ 금속 부품
카메라 스트랩이나 지갑 체인, 열쇠고리를 만들 때 빠질 수 없는 부품입니다.

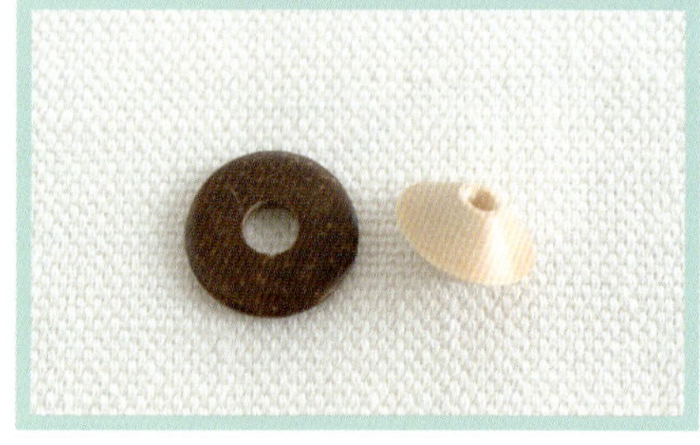

❸ 고정 부품
액세서리를 고정하는 도구로 사용하는 부품입니다. 작품에 따라 잘 선택해서 사용하세요.

❹ 여러 가지 비즈
우드 비즈, 펄, 루스 비즈 등 질감이나 색이 다른 여러 가지가 있으므로 작품에 따라 잘 선택해서 사용하세요.

❺ 파워스톤 비즈
작은 돌이나 둥근 구슬, 카보숑 등의 형태가 있습니다. 돌의 구멍은 햄프를 끼우기 쉽도록 큰 것이 좋습니다.

❻ 금속 부품
작품의 포인트가 되는 금속 부품. '올빼미'나 '파티마의 손' 등의 행운을 비는 물건도 있습니다.

시작하는 방법 ▲▲▲

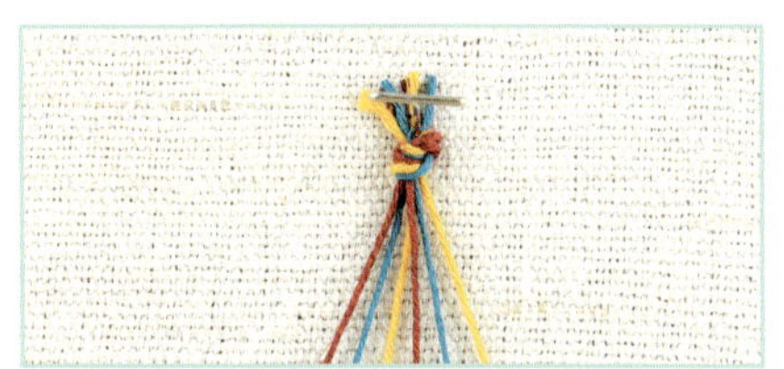

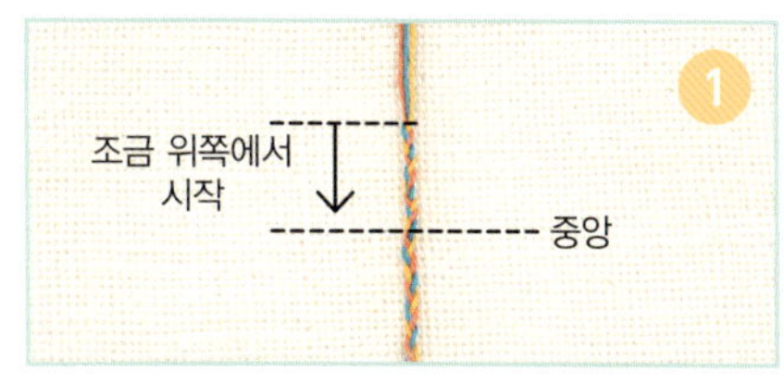

가장자리부터 매듭 묶기 ❶

중심끈을 반으로 접어서 고리를 만들고 매듭끈의 중앙을 묶습니다. 도중에 매듭끈을 추가할 때도 자주 사용하는 방법입니다.

가장자리부터 매듭 묶기 ❷

고리가 있는 아이템에 주로 사용하는 매듭법입니다. 끈의 중앙을 가지런히 놓고 3줄땋기 등으로 묶어 고리가 되는 부분을 만듭니다.

반으로 접어 작품 부분을 묶습니다.

가장자리부터 매듭 묶기 ❸

끈 전부를 가지런히 놓고 가장자리를 옭매듭으로 묶습니다.

중앙부터 매듭 묶기

좌우대칭으로 묶는 아이템에 주로 사용합니다. 중심끈, 매듭끈을 모아서 묶고 중앙에 비즈를 끼웁니다.

한쪽을 가볍게 묶고(임시 매듭), 다른 한쪽을 묶습니다.

햄프를 끼우는 방법 ▲▲▲

파워스톤이나 부품의 구멍에 햄프를 끼우기 어려울 때 사용합니다.

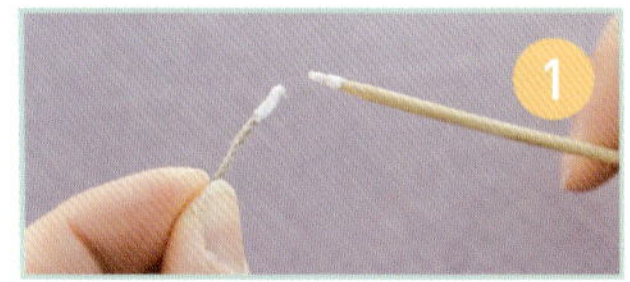

햄프의 앞부분에 대꼬챙이를 이용해 접착제를 잘 펴서 발라줍니다.

접착제가 마르면 가위로 비스듬하게 자릅니다.

앞부분을 자른 모습입니다.

❸에 파워스톤이나 부품을 왼쪽(햄프를 꼰 방향)으로 돌리면서 끼웁니다.

여러 줄의 햄프에 비즈를 끼우는 방법입니다.

햄프의 앞부분이 가늘어지도록 조금씩 비틀어서 투명 테이프를 감습니다. 비즈를 돌리면서 끼우면 끼우기 쉽습니다.

햄프를 1줄씩 차례로 2줄 끼웁니다.

3줄을 끼웁니다. 먼저 끼운 2줄의 햄프 사이에 끼웁니다.

비즈를 이동시켜 끼웁니다.

• 깔끔하게 마무리하는 포인트 •

햄프는 여유롭게 준비합니다.

매듭을 묶는 도중에 햄프가 부족하면 더 이상 묶을 수 없습니다. 각각의 작품에 필요한 재료를 기재하였습니다. 매듭 묶는 방법이나 만드는 사람, 착용할 사람의 사이즈에 따라 필요한 길이를 어느 정도 알 수 있습니다. 햄프를 여유 있게 준비합니다.

항상 같은 힘으로 매듭을 묶습니다.

좌우로 잡아당겨 매듭을 묶을 때나 고리 매듭, 둥근 4줄접기 매듭을 묶을 때, 같은 힘으로 묶으면 깔끔하게 완성할 수 있습니다. 단단하게 꽉 묶으세요.

매듭을 도중에 조입니다.

5회 정도 묶을 때마다 매듭을 죄어서 깔끔하게 정리하세요.

기본 매듭법 ▲▲▲▲

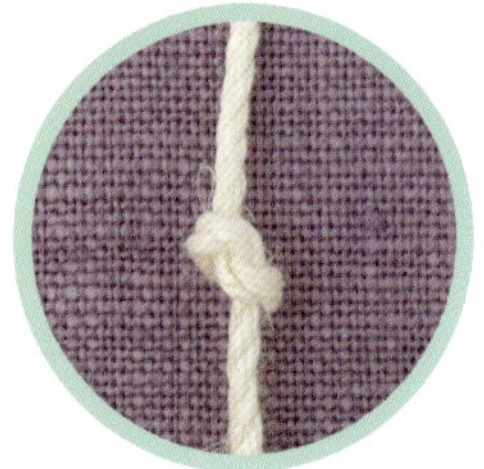

옳매듭
(한번 묶기)

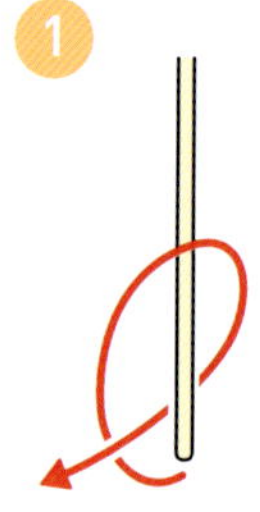

끈을 한 바퀴 휙 돌
려서 묶습니다.

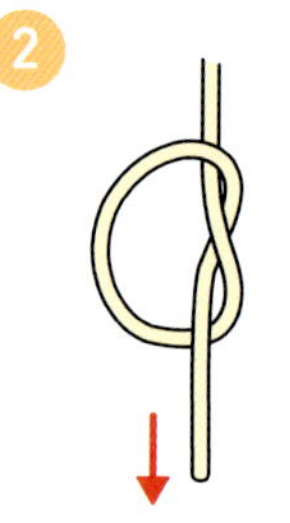

끝을 잡아당깁니다.

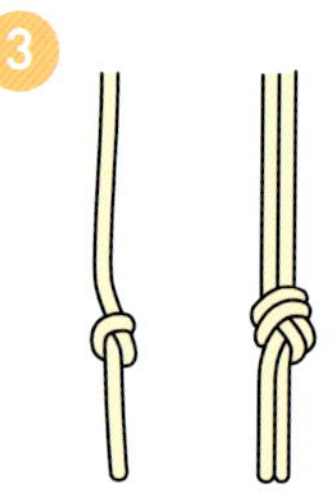

완성입니다. 끈이 여
러 줄일 때도 같은
방법으로 묶습니다.

맞매듭

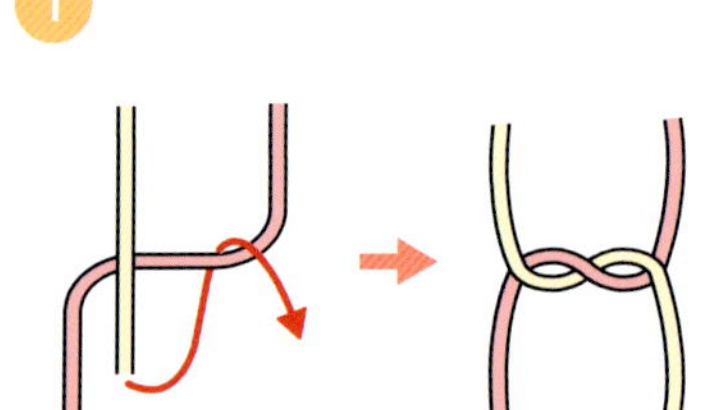

오른쪽 끈 위에 왼쪽 끈을 놓고 화살표 방향
으로 통과시킵니다.

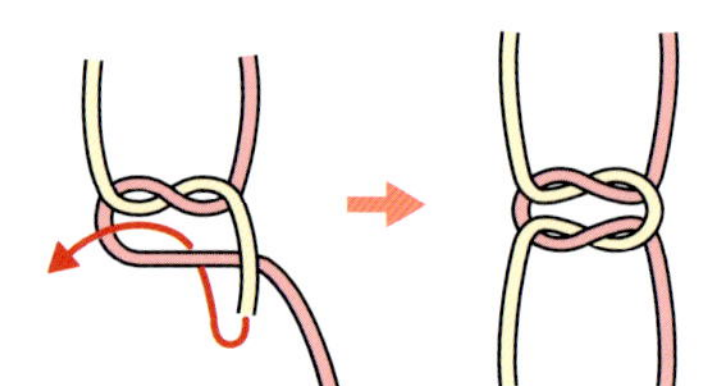

왼쪽 끈 위에 오른쪽 끈을 놓고 화살표 방향
으로 통과시켜서 조입니다.

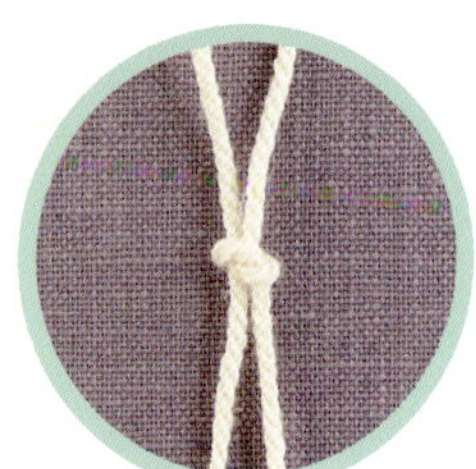

한매듭

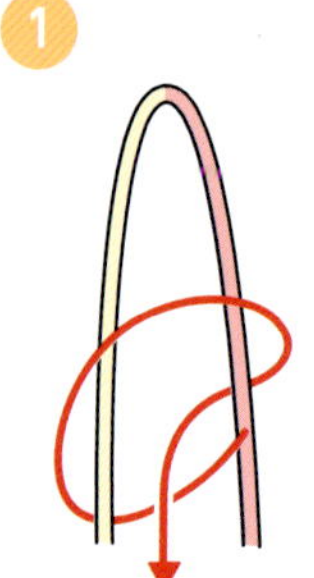

끈을 반으로 접거나 2줄로
묶습니다. 한쪽 끈을 화살
표 방향으로 돌려서 옳매듭
을 묶는 것처럼 묶습니다.

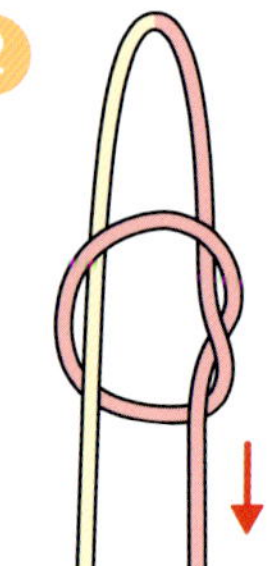

끈을 조입니다.

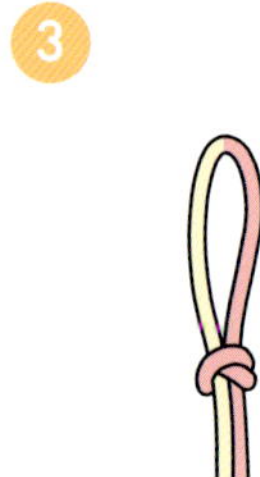

완성입니다.

로프매듭

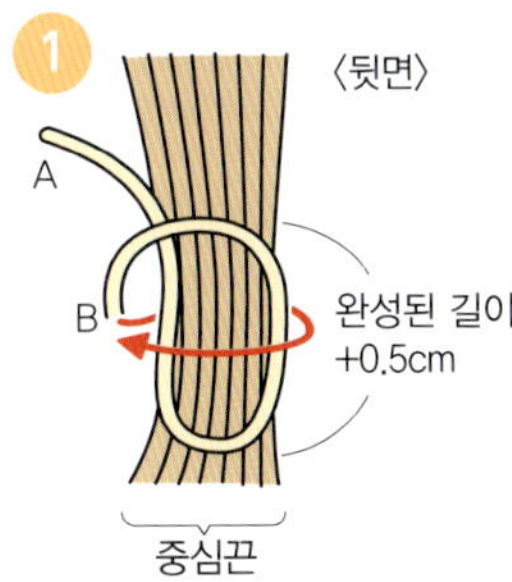

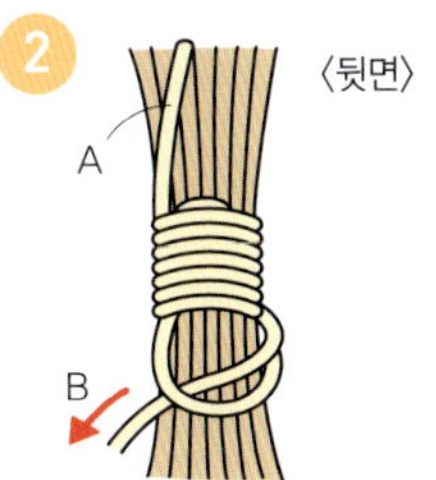

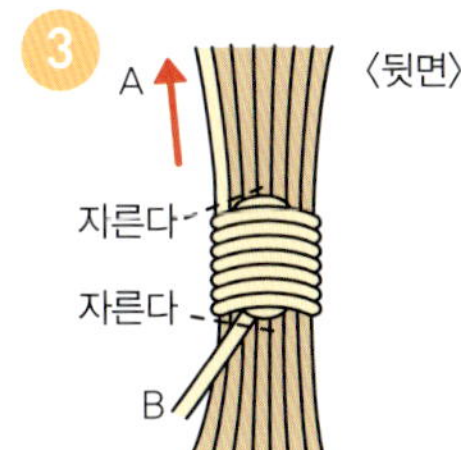

1 중심끈에 다른 끈을 그림과 같은 모양으로 겹치도록 접고 위에서 아래로 빈틈없이 감습니다.

2 완성 길이만큼 감으면 아래쪽 고리에 B를 끼웁니다.

3 A를 위로 잡아당기면 B를 끼운 고리가 감긴 끈의 안쪽으로 들어가서 고정됩니다. A, B를 바짝 자릅니다.

좌우엮기

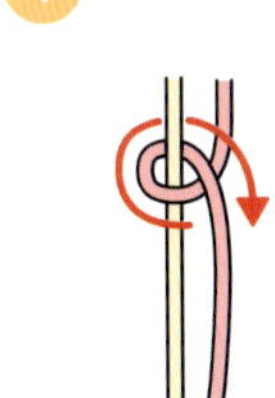

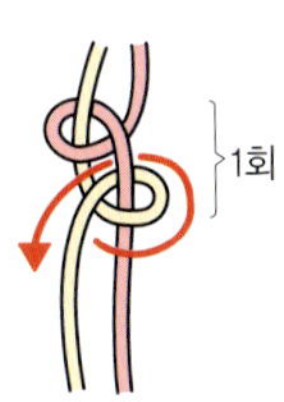

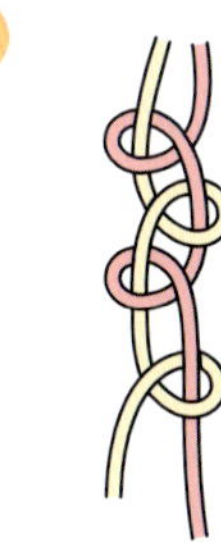

1 왼쪽 끈을 중심끈으로 하고 오른쪽 끈을 감아서 조입니다.

2 오른쪽 끈을 중심끈으로 하고 왼쪽 끈을 감아서 조입니다. 좌우엮기 1회가 완성되었습니다.

3 ❶, ❷를 반복합니다.

왼쪽 돌려엮기

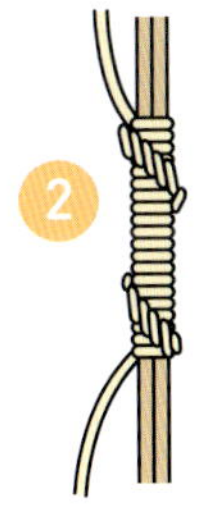

1 중심끈에 끈을 감습니다. 이것이 1회입니다.

2 1회씩 감을 때마다 조이는 것을 반복합니다.

오른쪽 돌려엮기

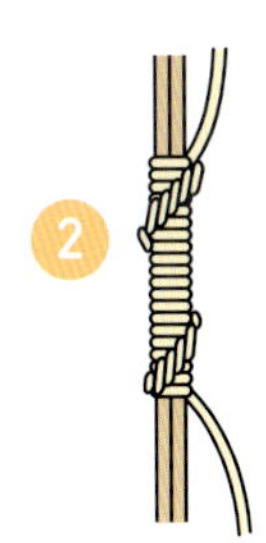

1 중심끈에 끈을 감습니다. 이것이 1회입니다.

2 1회씩 감을 때마다 조이는 것을 반복합니다.

평매듭

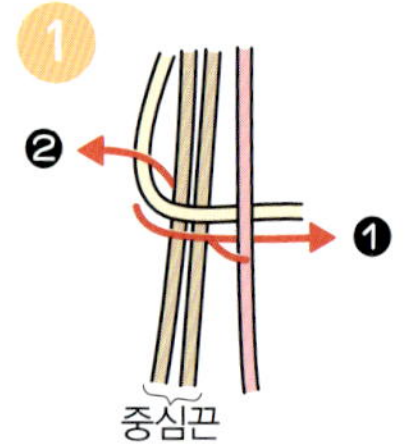

왼쪽 끈을 중심끈에 올리고 그 위에 오른쪽 끈을 올립니다. 오른쪽 끈을 중심끈 아래로 통과시켜 왼쪽 끈의 고리 위로 뺍니다.

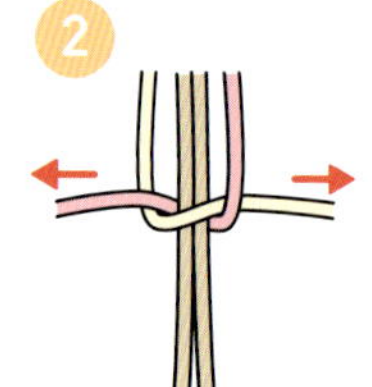

끈을 양옆으로 당깁니다.

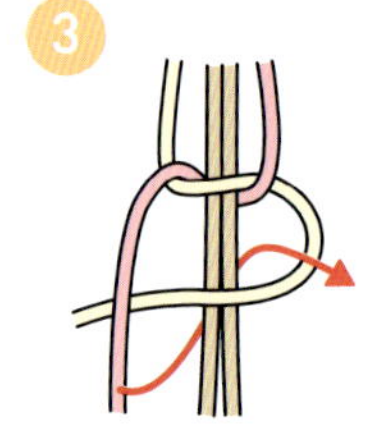

같은 방법으로 오른쪽 끈을 중심끈에 올리고 그 위에 왼쪽 끈을 올립니다. 왼쪽 끈을 중심끈 아래로 통과시켜 오른쪽 끈의 고리 위로 뺍니다.

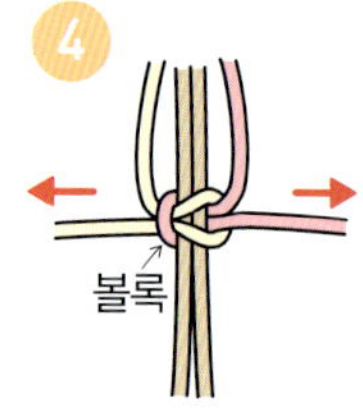

끈을 양옆으로 당깁니다. 평매듭 1회 완성(왼쪽 평매듭)합니다.

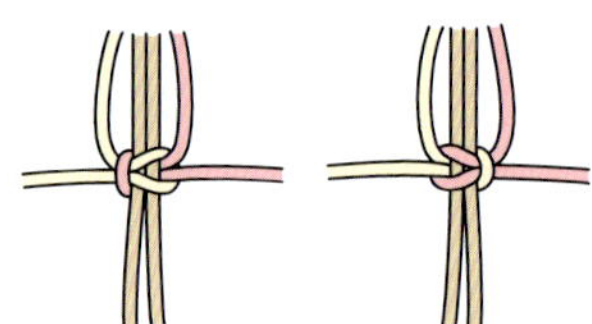

【매듭을 보는 방법】

중심끈에 올리는 순서를 반대로 해서 오른쪽 끈을 먼저 올립니다. 좌우 대칭이 되도록 묶습니다.

【0.5회란】

1~4처럼 평매듭을 묶고, 다시 ❷까지 묶었을 때를 0.5회 묶었다고 합니다.

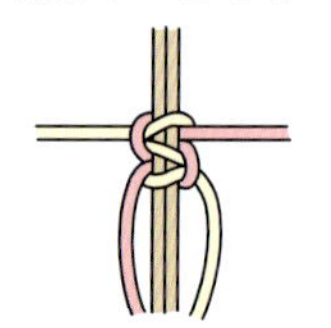

(그림은 1.5회 묶은 모습)

【연속으로 묶으면】

3~4회 묶고 나서 중심끈을 잡고 밑에서 위로 매듭을 올려서 단단하게 조입니다.

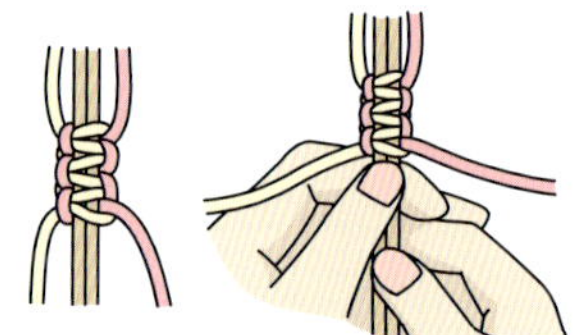

【뒷면을 보면】

2가지 색일 때 뒷면은 끈의 색이 반대입니다.

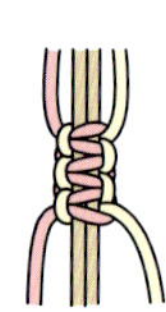

【평매듭으로 매듭끈을 추가하는 방법】

매듭끈을 중심끈에 묶습니다.

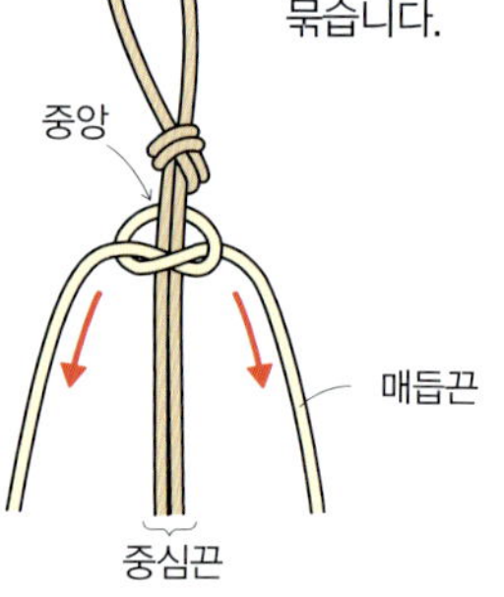

4줄 평매듭

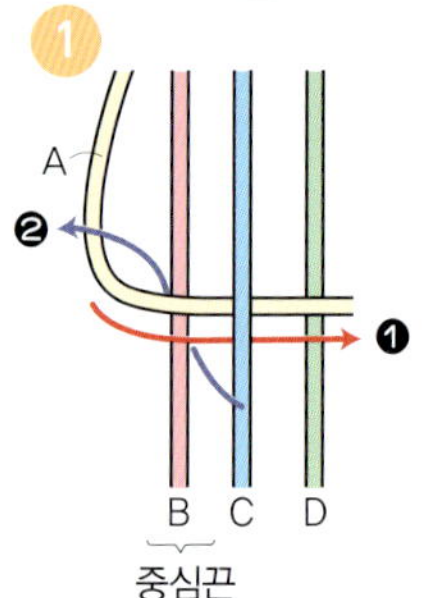

끈 4줄을 나란히 놓습니다. 먼저 B를 중심끈으로 하고 A와 C로 왼쪽 평매듭을 묶습니다. ❶, ❷의 순서로 끈을 통과시킵니다.

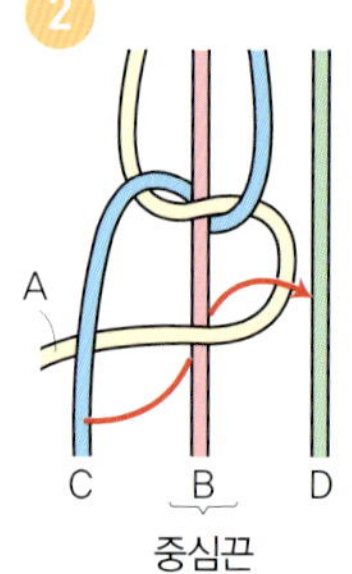

A를 중심끈 위에 놓고 그 위에 C를 올립니다. C를 중심끈 아래로 통과시켜 A의 고리 위로 뺍니다.

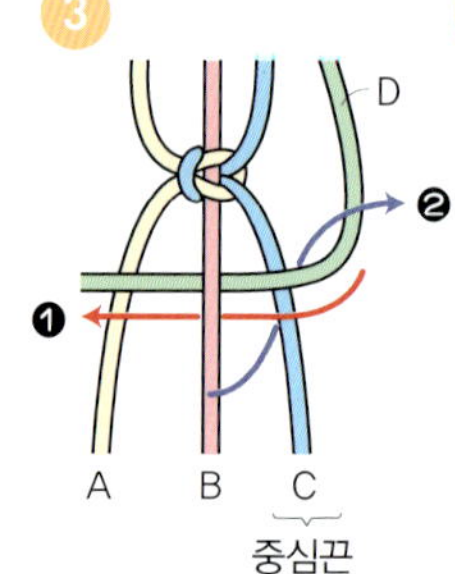

왼쪽 평매듭이 1회 완성되었습니다. C를 중심끈으로 하고 B와 D로 오른쪽 평매듭을 묶습니다. ❶, ❷의 순서로 끈을 통과시킵니다.

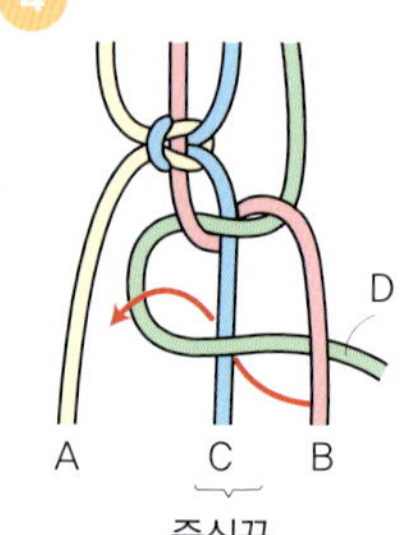

D를 중심끈 위에 놓고 그 위에 B를 올립니다. B를 중심끈 아래로 통과시켜 D의 고리 위로 뺍니다.

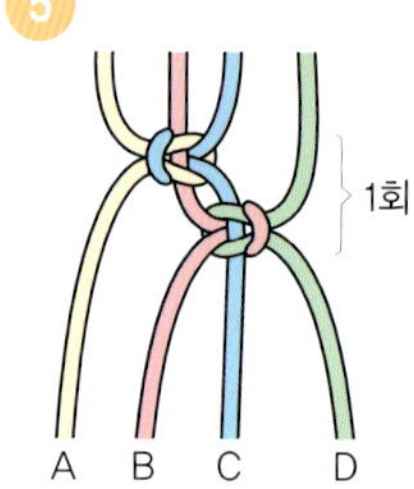

오른쪽 평매듭이 1회 완성되었습니다. 이렇게 해서 4줄 평매듭이 1회 완성되었습니다.

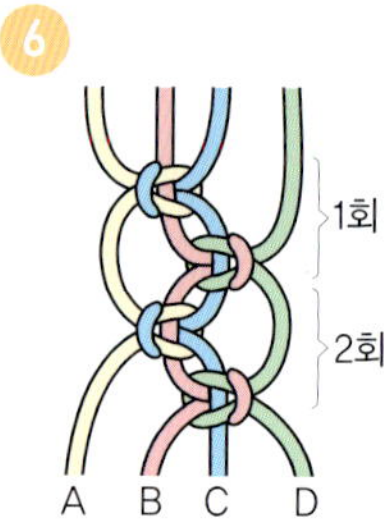

❶~❺를 반복합니다.

둥근 4줄접기

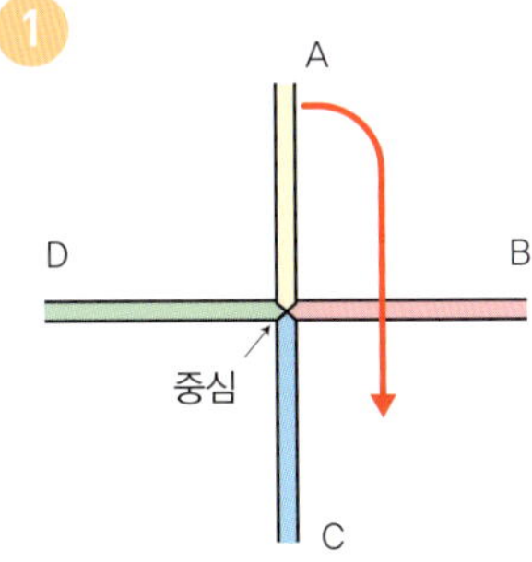

1 4줄을 십자 모양으로 펼치고 오른쪽 방향으로 차례대로 위로 끈을 겹칩니다. A를 B에 겹칩니다.

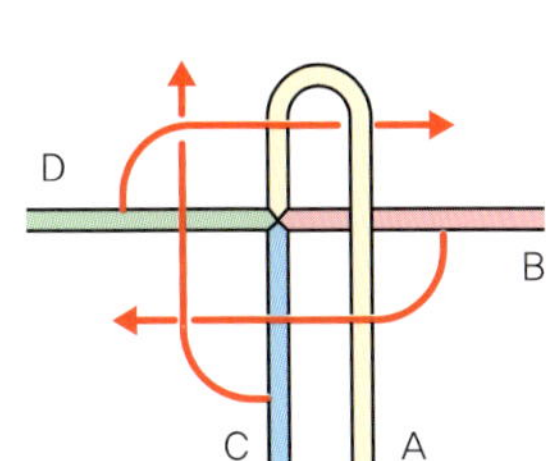

2 같은 방법으로 B를 A와 C에, C를 B와 D의 위로 겹쳐 올립니다. 마지막으로 D는 C 위에 올려 A의 고리 안에 넣습니다.

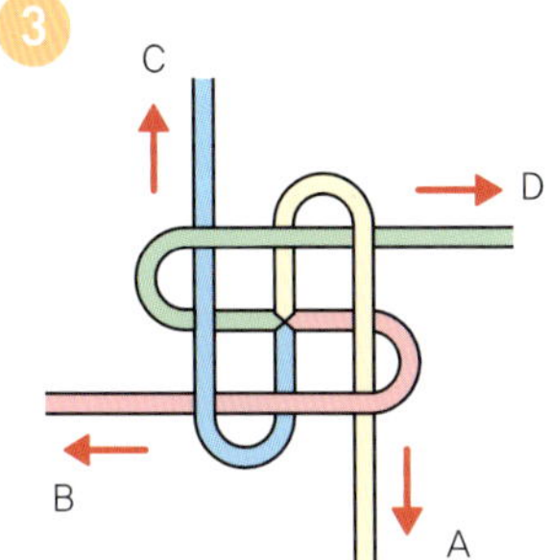

3 끈 4줄을 일정한 힘으로 당겨서 조입니다.

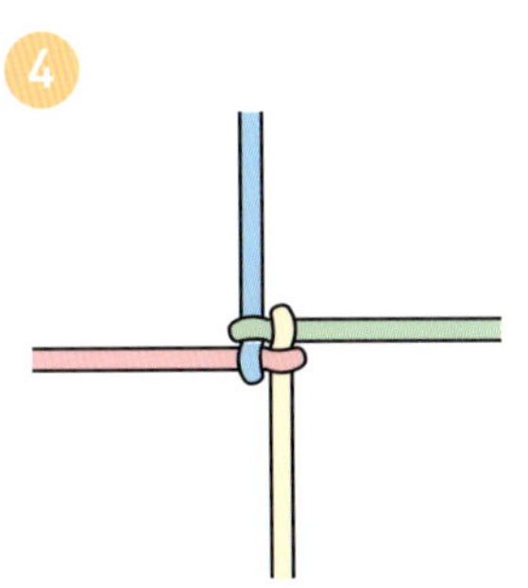

4 한 번 묶은 모습입니다.

5 ❷~❹를 반복합니다.

【중심끈을 넣은 둥근 4줄접기】

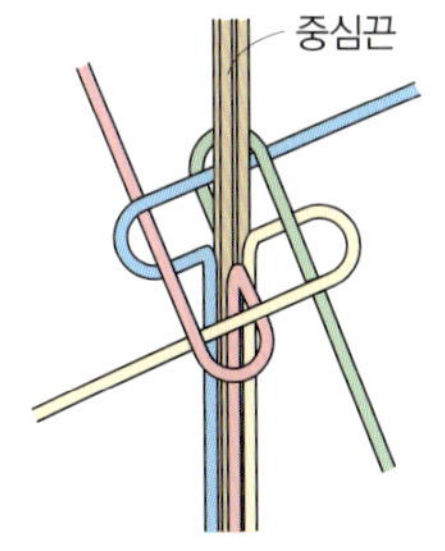

묶기 전에 중심끈이 되는 끈을 가운데에 넣고 묶으면 중심끈을 넣은 둥근 4줄접기가 됩니다.

같은 줄 로프매듭

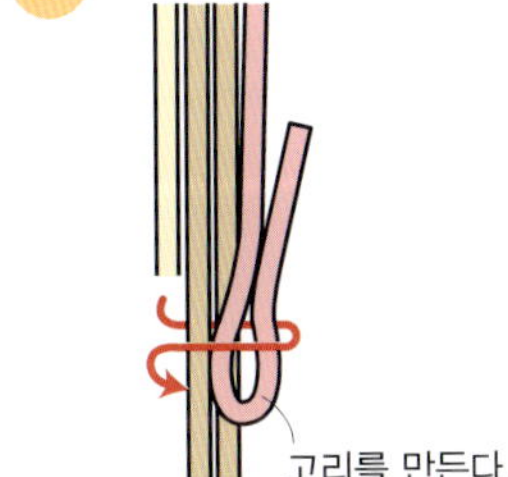

1 1줄로 고리를 만들고 다른 1줄로 위에서 아래로 칭칭 감습니다.

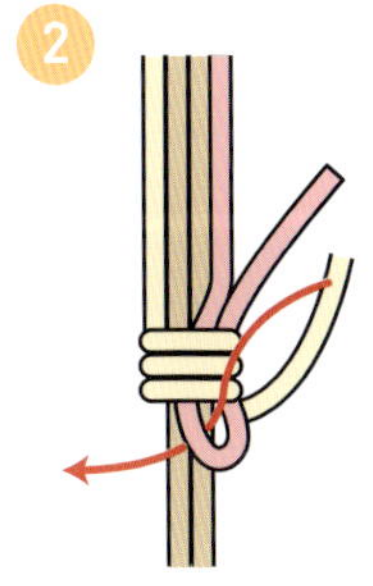

2 감은 끈을 고리 안에 넣습니다.

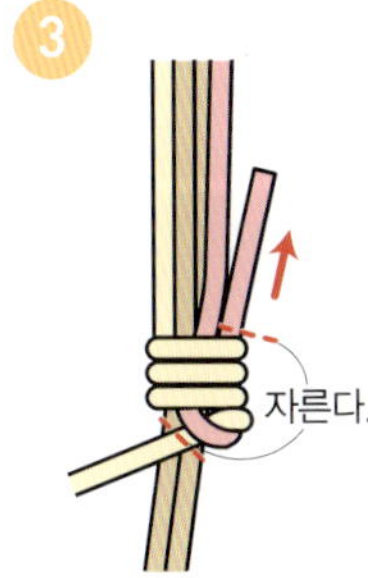

3 화살표 방향으로 끈의 끝 부분을 위로 잡아당겨서 단단하게 고정합니다. 끈을 바짝 잘라 마무리합니다.

왼쪽 평돌기매듭

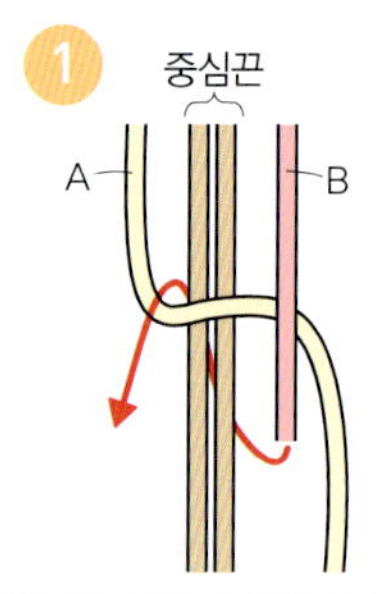

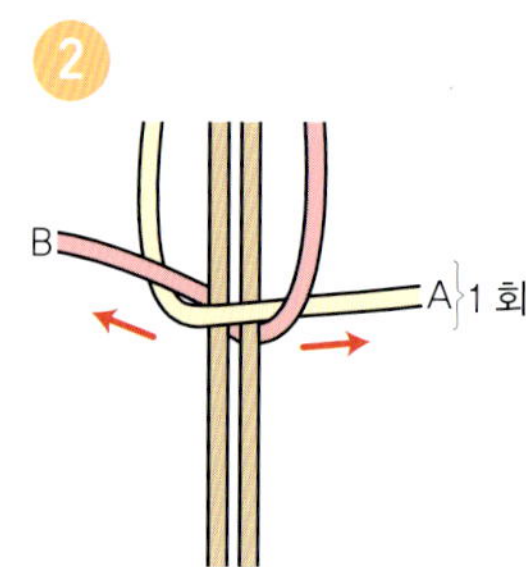

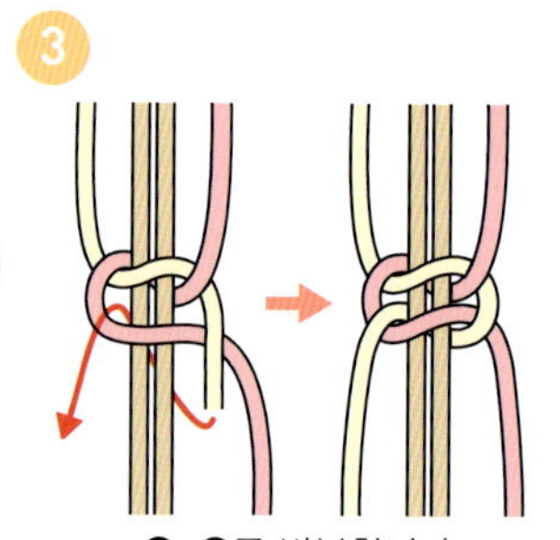

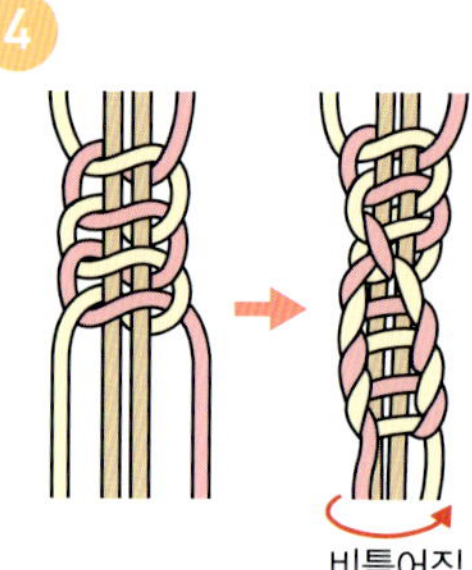

① 매듭끈 A를 중심끈에 올리고 그 위에 B를 올립니다. 매듭끈 B를 중심끈 아래로 통과시켜 A의 고리 위로 뺍니다.

② 매듭끈 A, B를 당깁니다.

③ ❶, ❷를 반복합니다.

④ 좌우의 끈을 바꿔가며 매듭을 묶다가 나선이 반 회전 만들어졌을 때 중심끈을 잡고 매듭을 위로 밀어 올립니다.

오른쪽 평돌기매듭

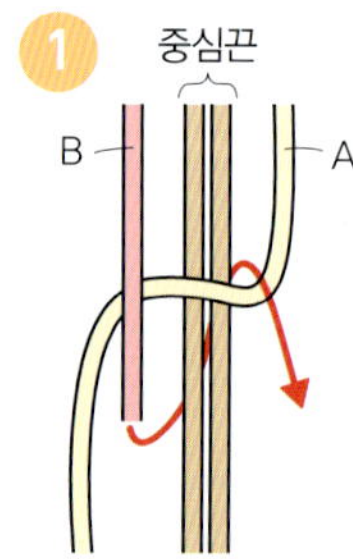

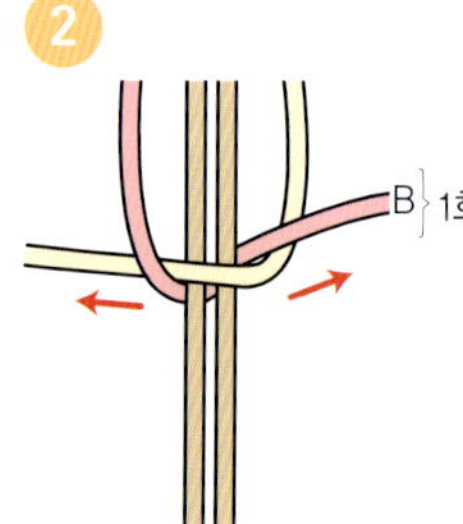

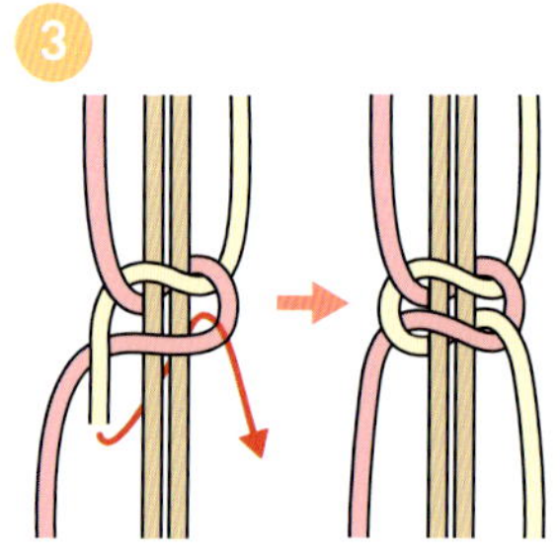

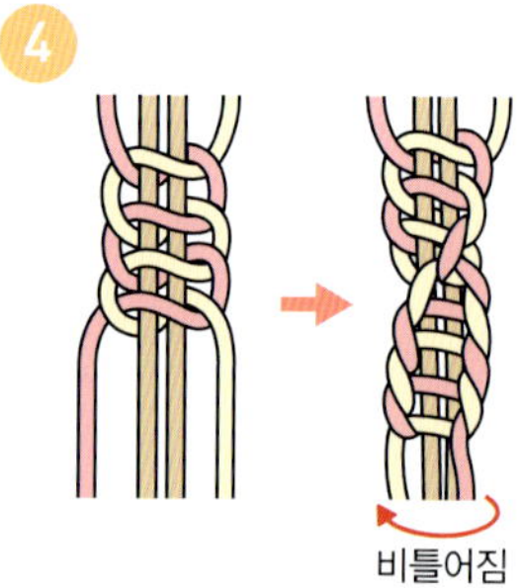

① 매듭끈 A를 중심끈에 올리고 그 위에 B를 올립니다. 매듭끈 B를 중심끈 밑으로 통과시켜 A의 고리 위로 뺍니다.

② 매듭끈 A, B를 잡아당깁니다.

③ ❶, ❷를 반복합니다.

④ 좌우의 끈을 바꿔가며 매듭을 묶다가 나선이 반 회전 만들어졌을 때, 중심끈을 잡고 매듭을 위로 밀어 올립니다.

왼쪽 이중 평돌기매듭

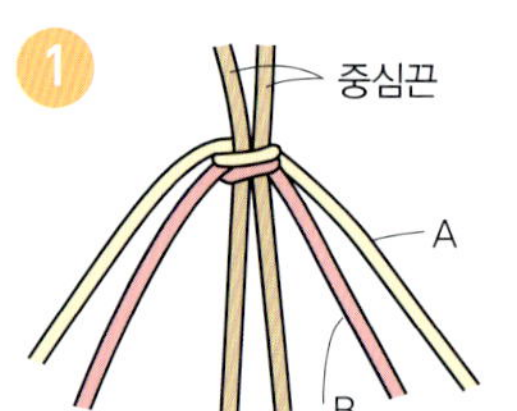

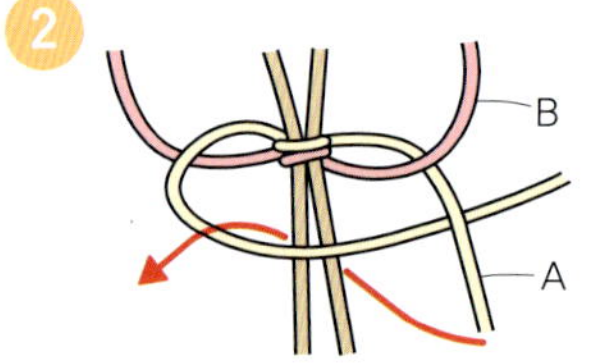

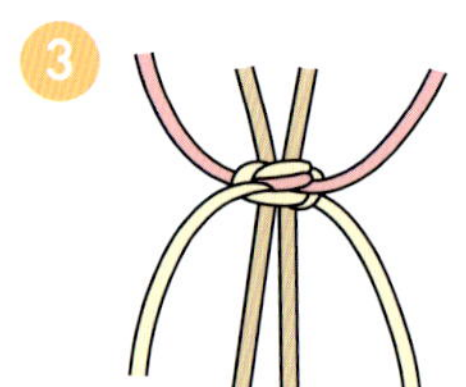

① 매듭끈 A, B를 중심끈에 묶습니다(10쪽 '평매듭으로 매듭끈을 추가하는 방법' 참고). 매듭은 뒤쪽으로 돌립니다.

② 매듭끈 B를 위로 올리고, A를 왼쪽 평돌기매듭으로 한 번 묶습니다.

③ 매듭끈 A를 조인 모습입니다.

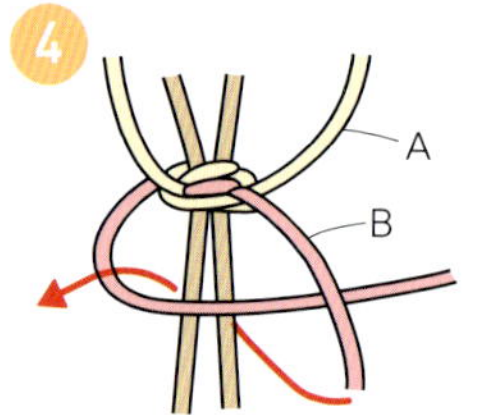

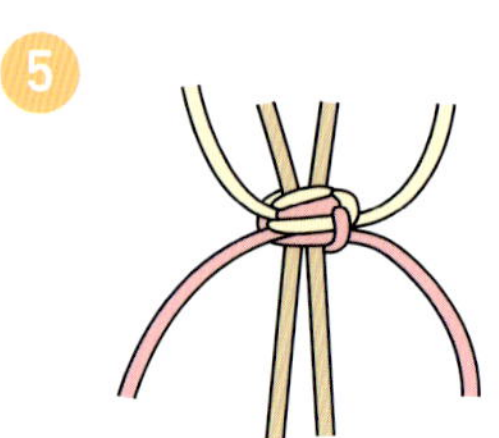

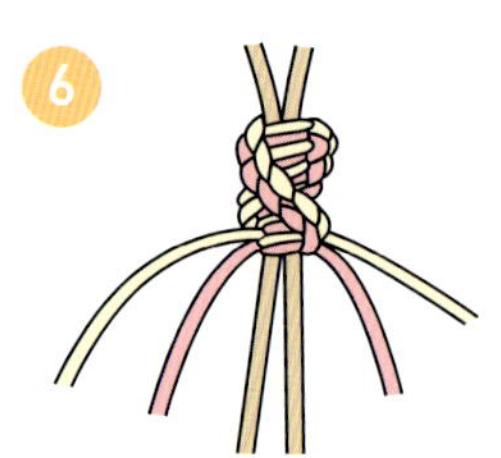

④ 매듭끈 A를 위로 올리고, B를 왼쪽 평돌기매듭으로 한 번 묶습니다.

⑤ ❷∼❺를 반복합니다.

⑥ 몇 번 묶은 다음 중심끈을 잡고 매듭을 위로 밀어 올립니다.

오른쪽 이중 평돌기매듭

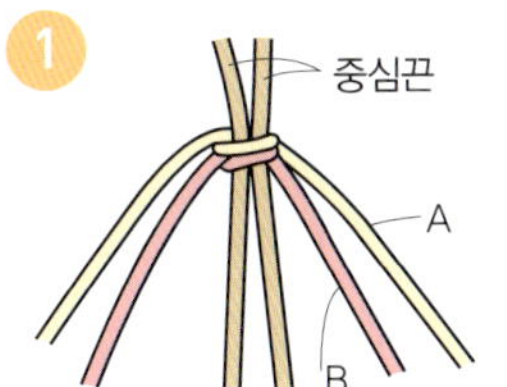

매듭끈 A, B를 중심끈에 묶습니다(10쪽 '평매듭으로 매듭끈을 추가하는 방법' 참고). 매듭은 뒤쪽으로 돌립니다.

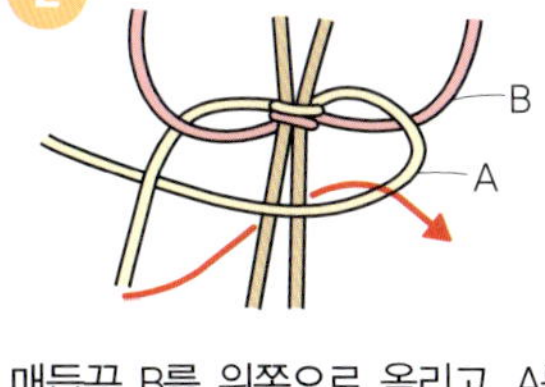

매듭끈 B를 위쪽으로 올리고, A를 오른쪽 평돌기매듭으로 한 번 묶습니다.

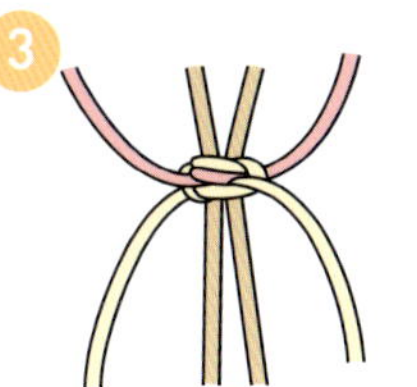

매듭끈 A를 조인 모습입니다.

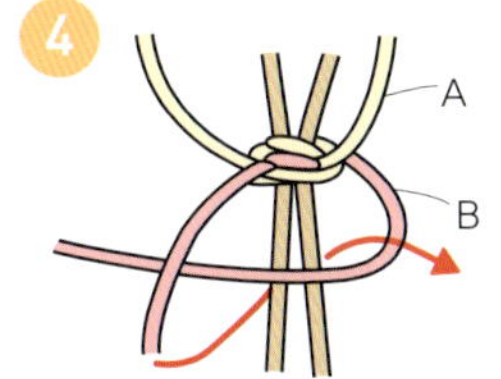

매듭끈 A를 위로 올리고, B로 오른쪽 평돌기매듭으로 한 번 묶습니다.

❷~❹를 반복합니다.

몇 번 묶은 다음 중심끈을 잡고 매듭을 위로 밀어 올립니다.

8줄땋기

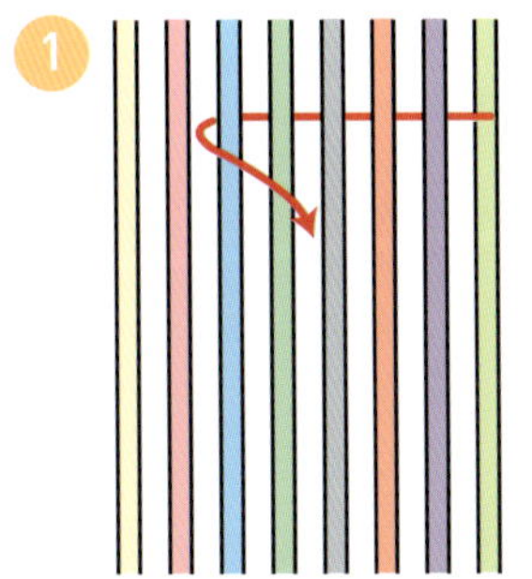

끈 8줄을 나란히 놓습니다. H를 G, F, E, D, C 아래로 통과시켜 B와 C 사이로 빼낸 다음 D와 E 사이로 다시 넣습니다.

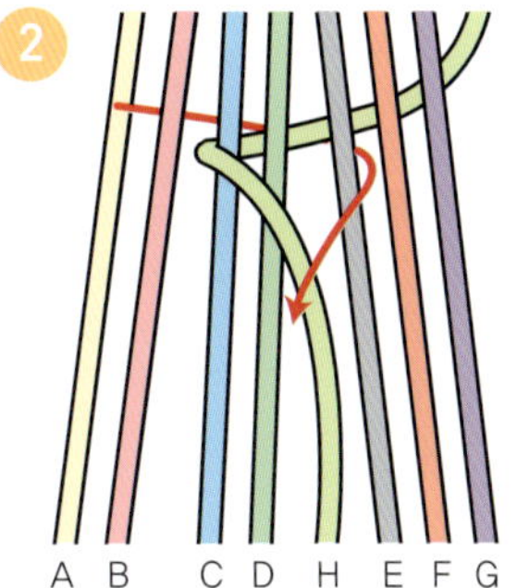

A를 B, C, D, H, E 아래로 통과시켜 E와 F 사이로 빼낸 다음 H와 D의 사이로 넣습니다.

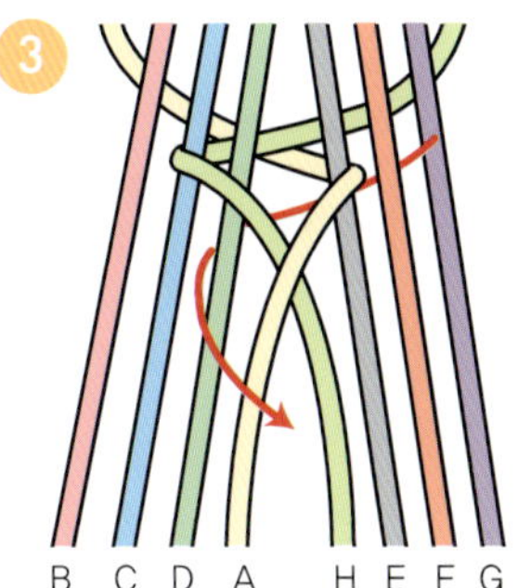

G를 F, E, A, H, D 아래로 통과시켜 C와 D 사이로 빼낸 다음 A와 H의 사이로 넣습니다.

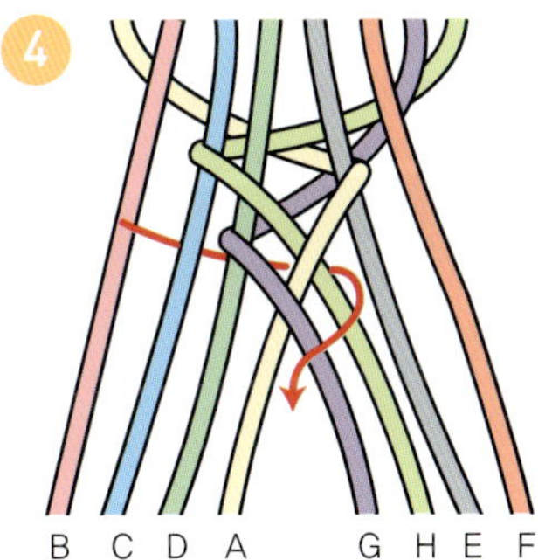

❷, ❸의 순서로 바깥쪽 끈으로 반복해서 매듭을 만듭니다.

매듭을 묶으면서 잡아당겨 조입니다.

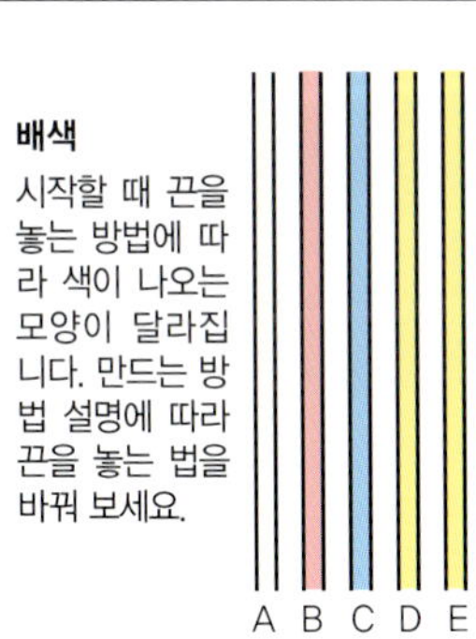

배색

시작할 때 끈을 놓는 방법에 따라 색이 나오는 모양이 달라집니다. 만드는 방법 설명에 따라 끈을 놓는 법을 바꿔 보세요.

3줄땋기

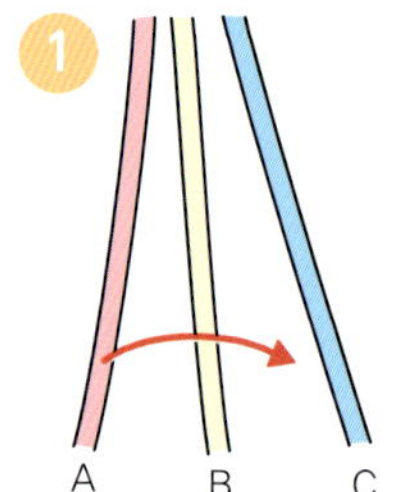

A B C

3줄을 나란히 놓습니다.
A와 B를 교차합니다.

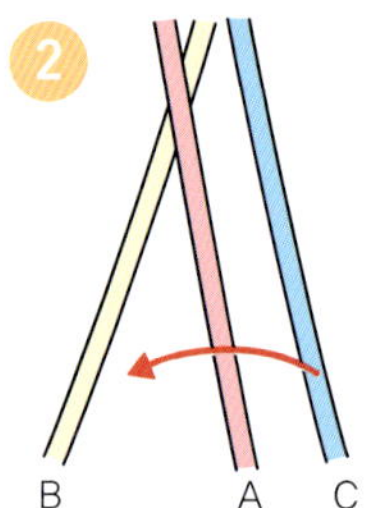

B A C

C와 A를 교차합니다.

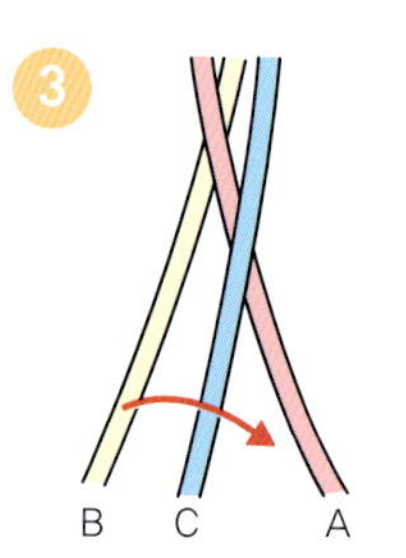

B C A

❶, ❷의 순서로 반복해서 교차합니다.

C A B

땋으면서 조입니다.

가로엮기

【왼쪽에서 오른쪽으로 묶을 때】

매듭 기호

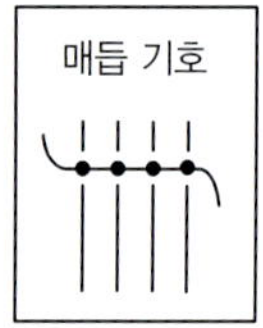

중심끈

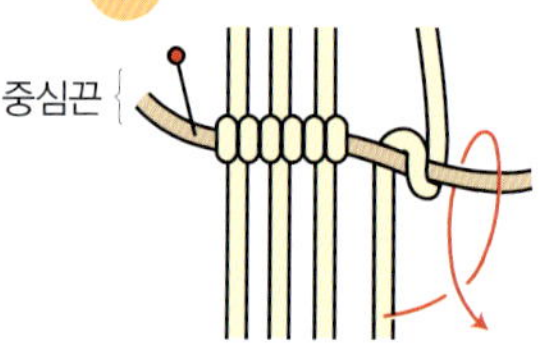

핀을 꽂아 중심끈을 고정하고 화살표 방향으로 매듭끈을 감습니다.

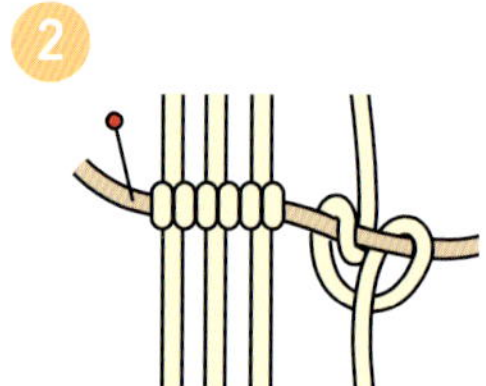

잡아당겨 조입니다.

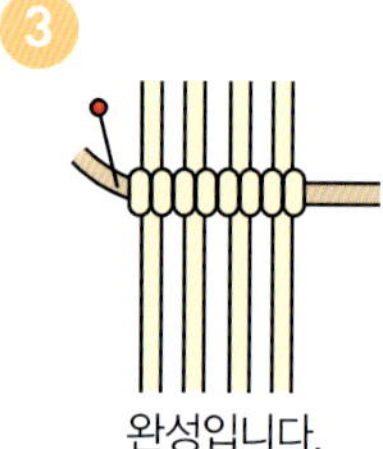

완성입니다.

【기호 보는 법】

매듭끈
점과 떨어져 있는 것

감긴 매듭

중심끈
점과 이어져 있는 것

【오른쪽에서 왼쪽으로 묶을 때】

매듭 기호

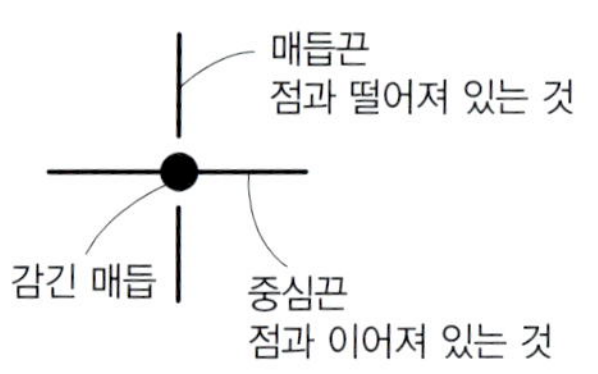

중심끈

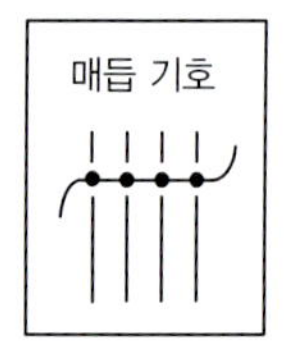

핀을 꽂아 중심끈을 고정하고 화살표 방향으로 매듭끈을 감습니다.

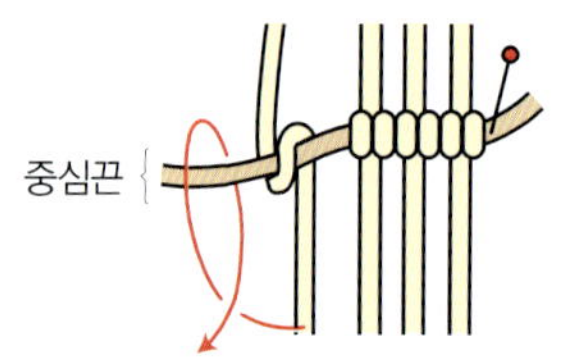

잡아당겨 조입니다.

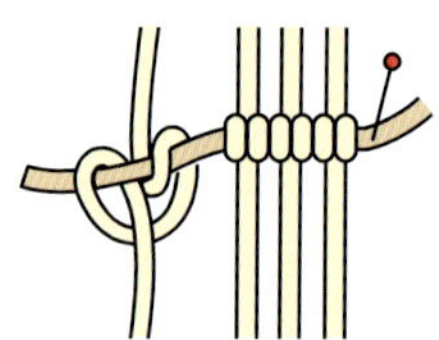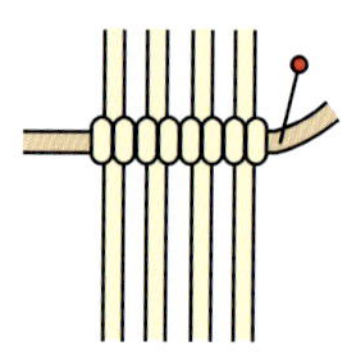

완성입니다.

【여러 단 묶을 때】

매듭 기호

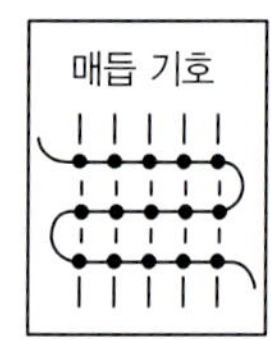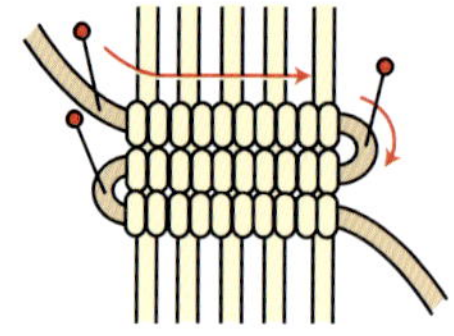

그림처럼 왼쪽에서 오른쪽으로, 오른쪽에서 왼쪽으로 반복해서 묶습니다.

세로엮기

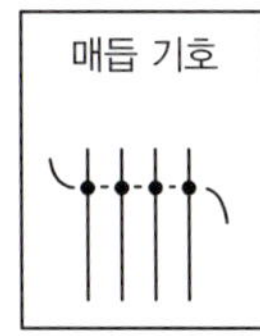

핀을 꽂아 중심끈을 고정하고 화살표 방향으로 매듭끈을 감습니다.

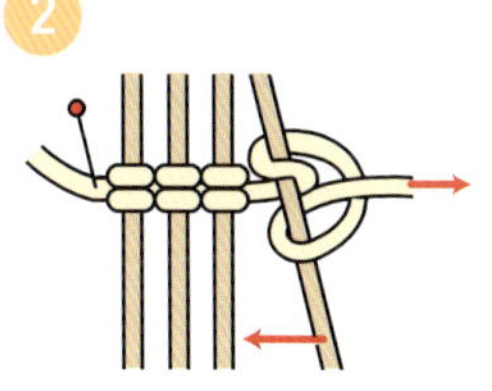

잡아당겨 조입니다.

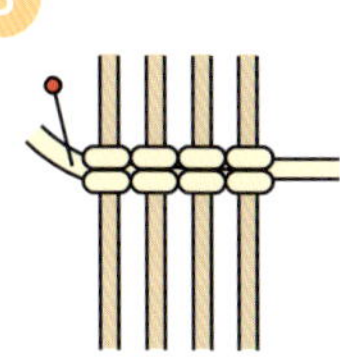

완성입니다.

【기호 보는 법】

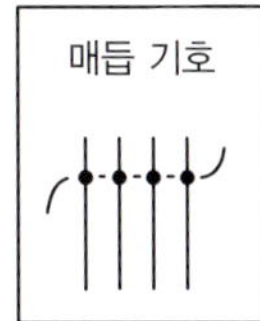

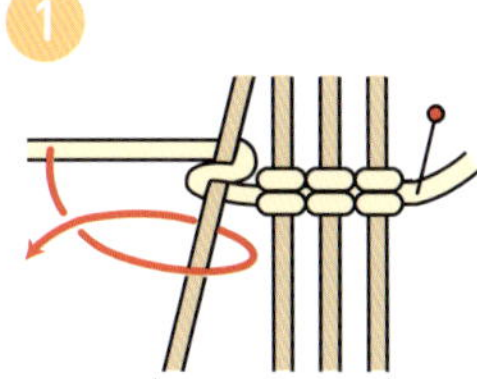

핀을 꽂아 중심끈을 고정하고 화살표 방향으로 매듭끈을 감습니다.

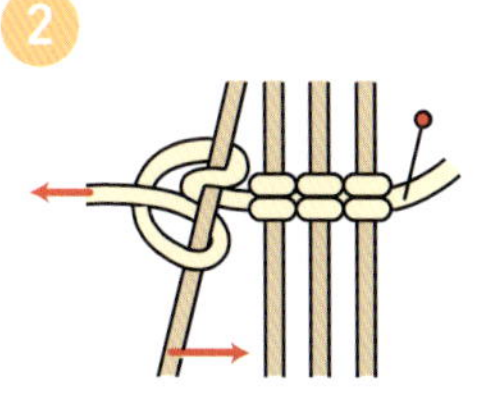

잡아당겨 조입니다.

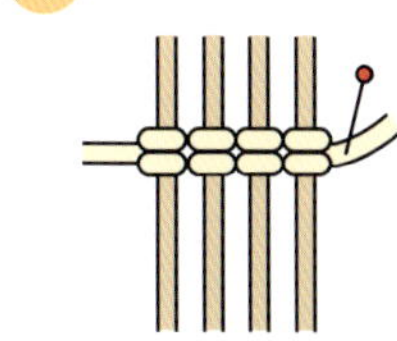

완성입니다.

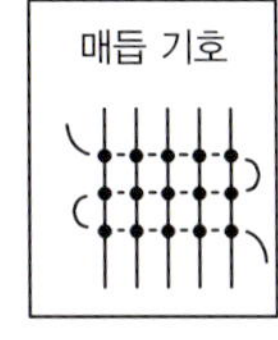

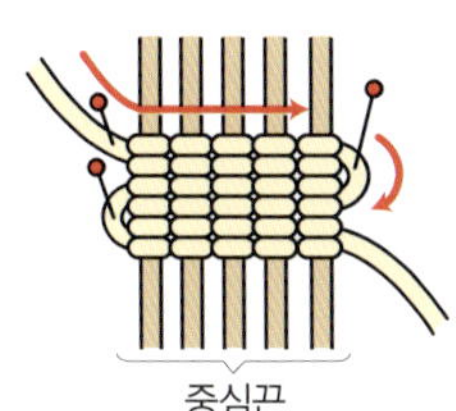

그림처럼 왼쪽에서 오른쪽으로, 오른쪽에서 왼쪽으로 반복해서 묶습니다.

사선엮기
(오른쪽 위에서 왼쪽 아래로 묶을 때)

오른쪽 위에서 왼쪽 아래로 비스듬하게 엮습니다. 핀을 꽂아 A(중심끈)를 고정하고 B, C, D(매듭끈) 순서로 그림처럼 계속 감습니다. 중심끈의 각도에 따라 다양한 라인이 나옵니다.

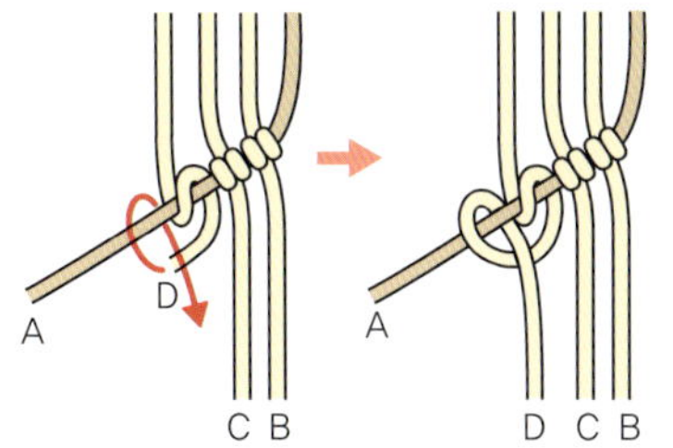

사선엮기
(왼쪽 위에서 오른쪽 아래로 묶을 때)

왼쪽 위에서 오른쪽 아래로 비스듬하게 엮습니다. 핀을 꽂아 A(중심끈)를 고정하고 B, C, D(매듭끈) 순서로 그림처럼 계속 감습니다. 중심끈의 각도에 따라 다양한 라인이 나옵니다.

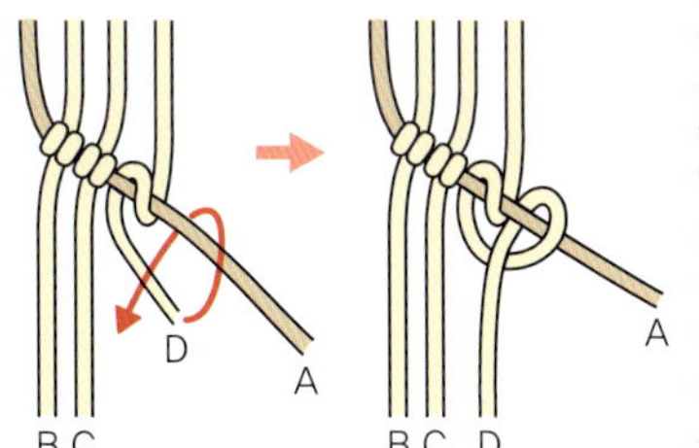

여러 단 사선엮기
(오른쪽 아래로 엮을 때)

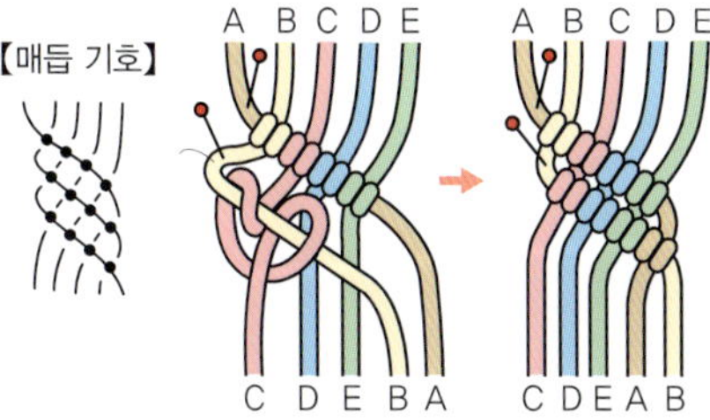

(왼쪽 아래로 엮을 때)

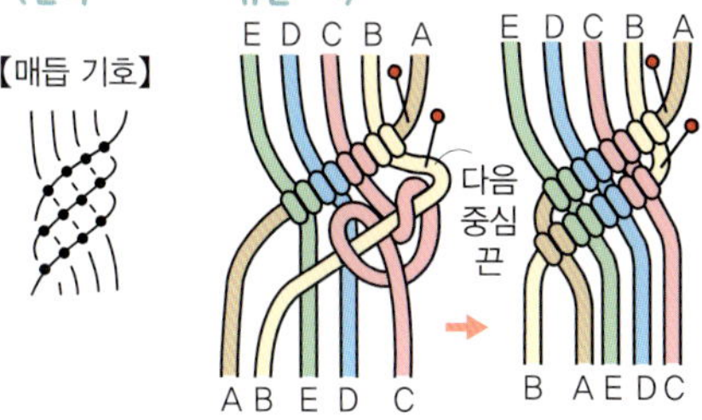

왼쪽 레이스엮기

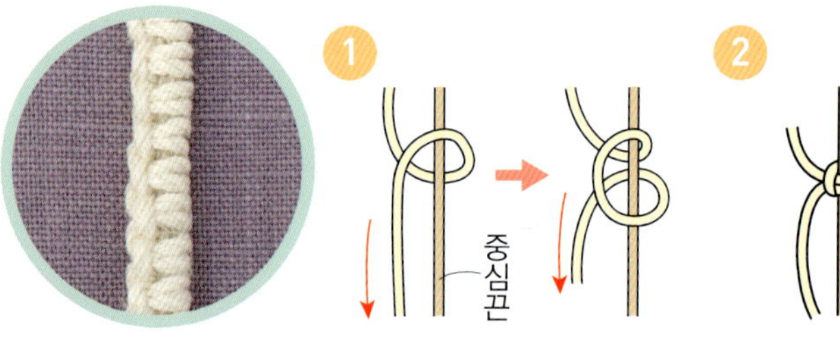

1

매듭끈을 왼쪽에 놓고 중심끈에 매듭끈을 위에서 아래로 1회씩 감습니다. 1회 감을 때마다 잡아당겨 조입니다.

2

왼쪽 레이스엮기 1회 완성입니다.

오른쪽 레이스엮기

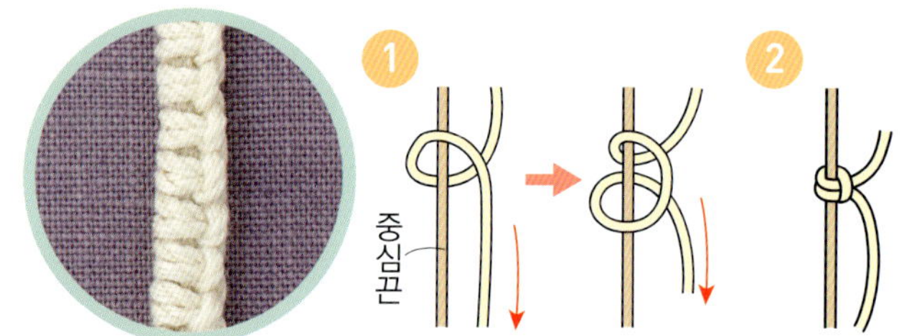

1

매듭끈을 오른쪽에 놓고 중심끈에 매듭끈을 위에서 아래로 1회씩 감습니다. 1회 감을 때마다 잡아당겨 조입니다.

2

오른쪽 레이스엮기 1회 완성입니다.

뒷면 왼쪽 레이스엮기

1

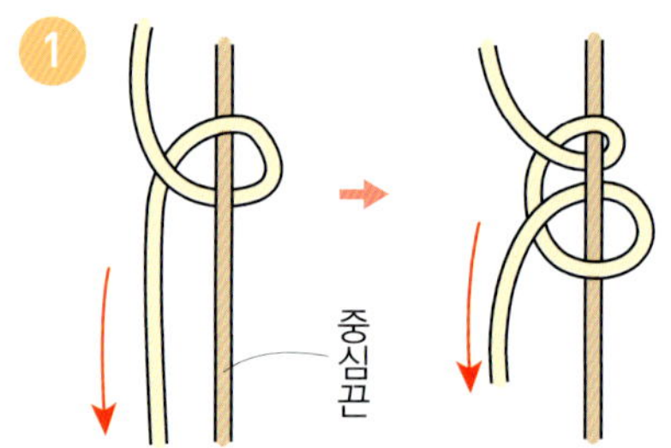

매듭끈을 왼쪽에 놓고 중심끈에 매듭끈을 위에서 아래로 1회씩 감습니다. 1회 감을 때마다 잡아당겨 조입니다. 이때 매듭끈이 나오는 방향은 왼쪽 레이스엮기와 반대가 됩니다.

2

뒷면 왼쪽 레이스엮기 1회 완성입니다.

3

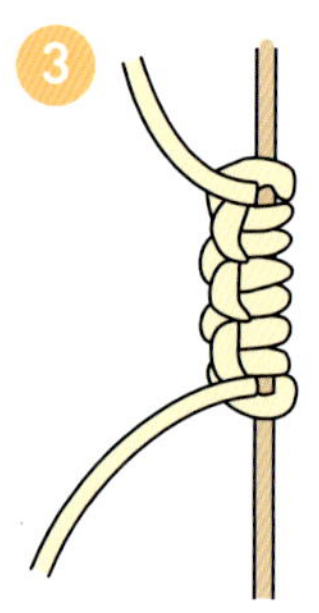

※묶을 때는 틈이 없도록 매듭을 꽉 조여 묶으면 깔끔하게 완성할 수 있습니다.

뒷면 오른쪽 레이스엮기

1

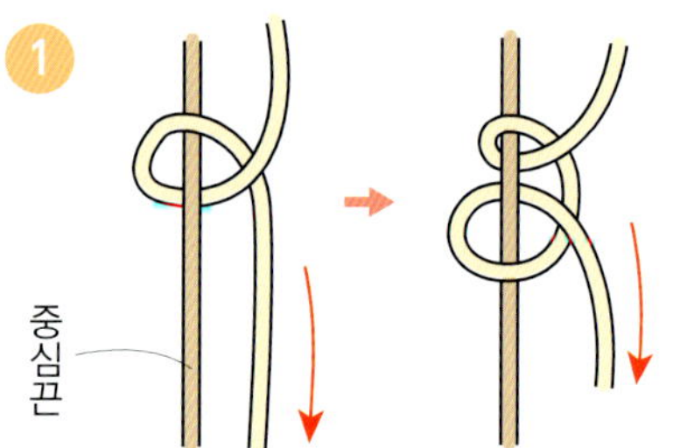

매듭끈을 오른쪽에 놓고 중심끈에 매듭끈을 위에서 아래로 1회씩 감습니다. 1회 감을 때마다 잡아당겨 조입니다. 이때 매듭끈이 나오는 방향은 오른쪽 레이스엮기와 반대가 됩니다.

2

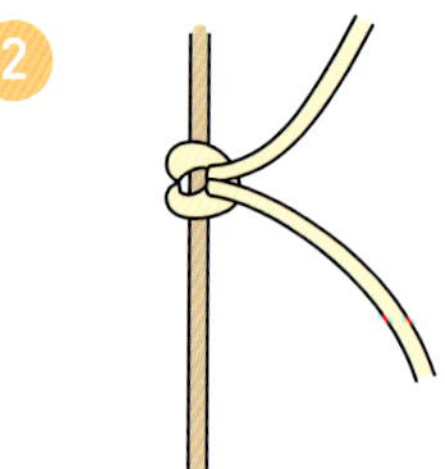

뒷면 오른쪽 레이스엮기가 1회 완성되었습니다.

3

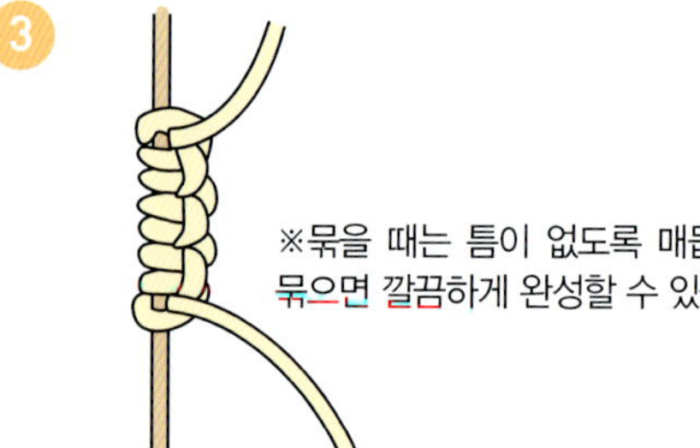

※묶을 때는 틈이 없도록 매듭을 꽉 조여 묶으면 깔끔하게 완성할 수 있습니다.

피쉬본매듭

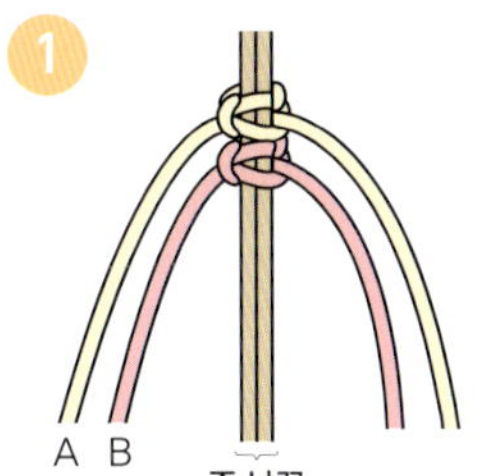

매듭끈 2줄(A, B)을 평매듭으로 중심끈에 묶습니다 (10쪽 '평매듭으로 매듭끈을 추가하는 방법' 참고).

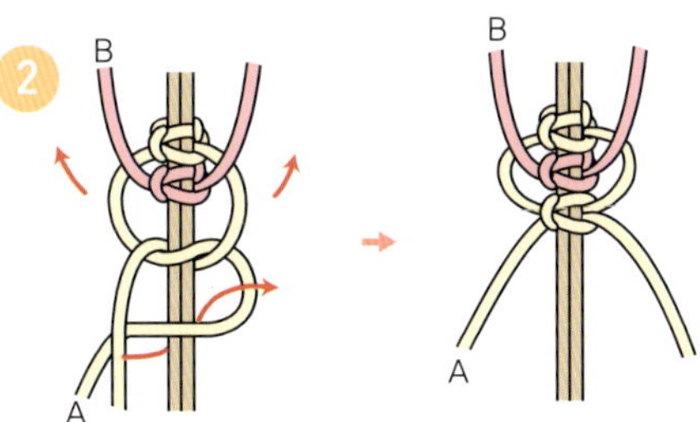

B를 위로 올립니다. A를 좌우로 빼낸 다음 B 아래쪽에 평매듭을 1회 묶습니다.

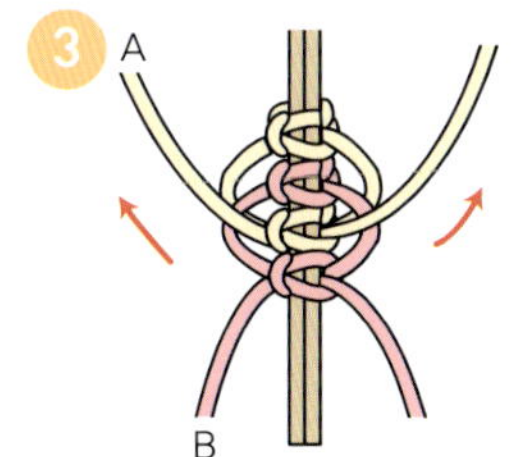

A를 위로 올리고 B를 좌우로 빼낸 다음 A의 아래쪽에 평매듭을 한 번 묶습니다. 같은 방법으로 반복합니다.

4줄땋기

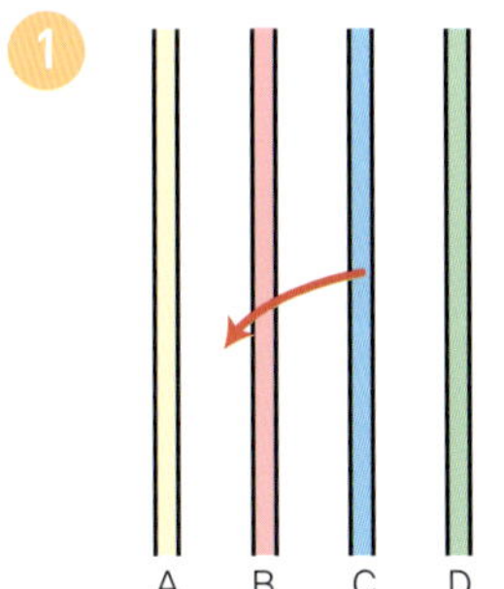

끈 4줄을 나란히 놓습니다. C와 B를 교차합니다.

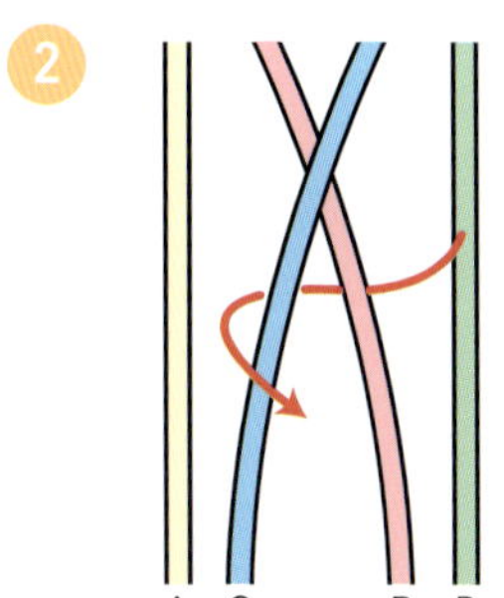

D를 B와 C 아래로 통과시켜 위로 빼낸 다음 C와 B 사이로 넣습니다.

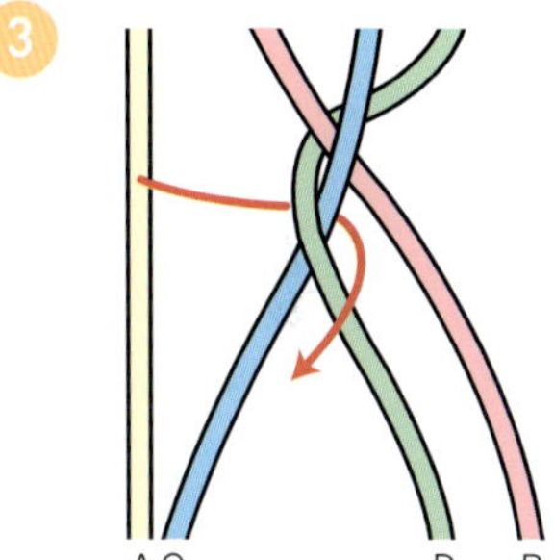

A를 C와 D 아래로 통과시켜 위로 빼낸 다음 D와 C 사이로 넣습니다.

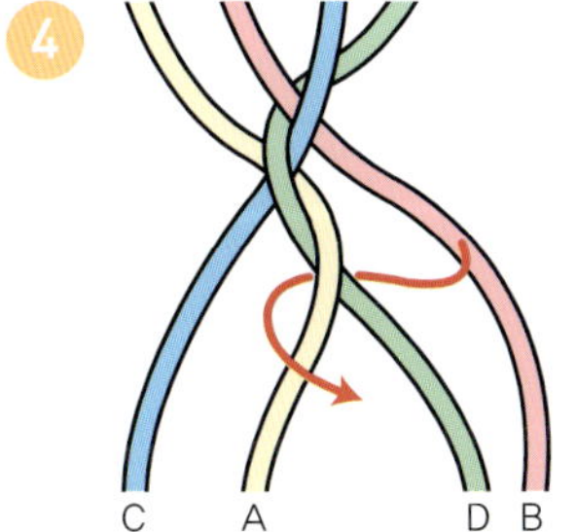

B를 D와 A 밑으로 통과시켜 위로 빼낸 다음 A와 D 사이로 넣습니다.

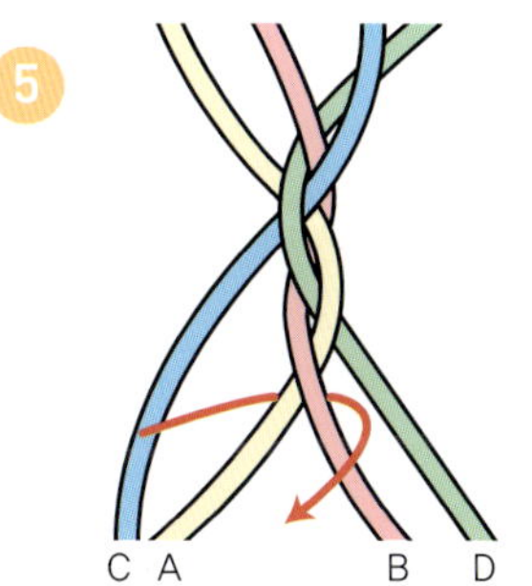

❸, ❹의 순서로 바깥쪽 끈을 반복해서 통과시키고 묶습니다. 땋으면서 단단하게 조입니다.

코바늘뜨기 기초 ▲▲▲▲

⬭ 사슬뜨기　※바늘에 걸려 있는 고리는 1코로 세지 않습니다.

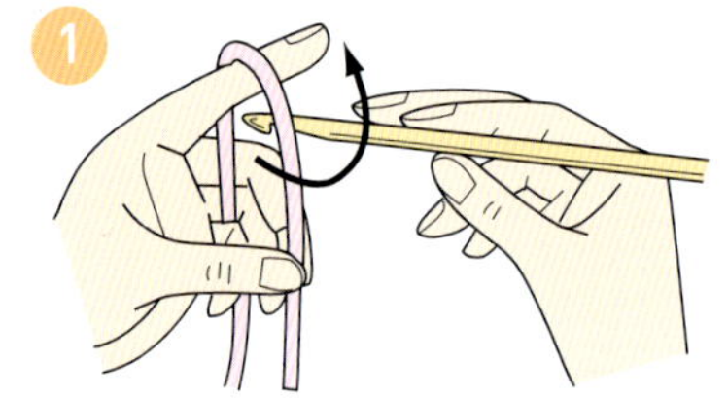 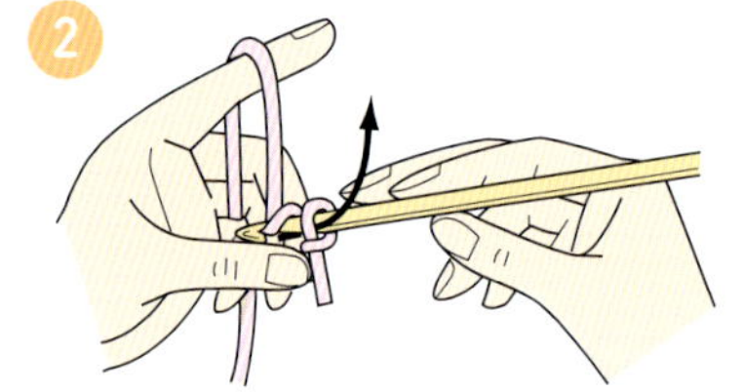 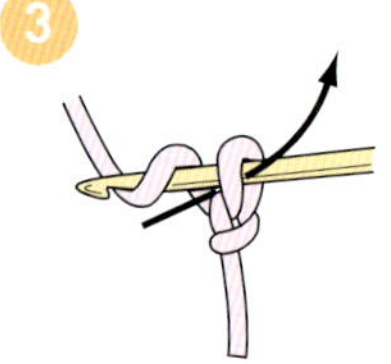 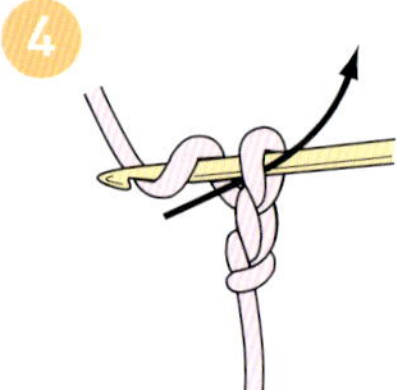

화살표 방향으로 바늘을 1회 돌립니다.

바늘에 실이 휘감깁니다. 감긴 실의 끝부분을 왼손으로 누릅니다.

실을 바늘에 걸어 뺍니다.

계속 같은 방법을 반복해서 뜹니다.

✕ 짧은뜨기

⌄✕ 짧은뜨기 2코 넣어뜨기

짧은뜨기를 1코 뜹니다.

같은 코에 짧은뜨기를 1코 더 뜹니다.

⌃✕ 짧은뜨기 2코 모아뜨기　※ '미완성 짧은뜨기'란 앞으로 코를 1회 빼면 완성되는 상태를 말합니다.

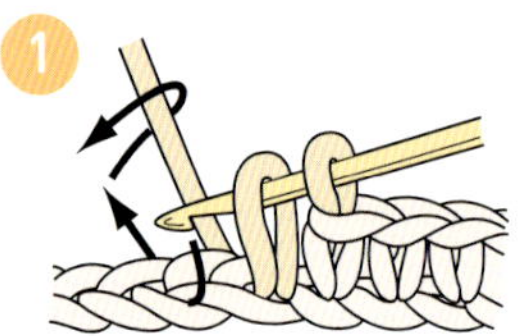 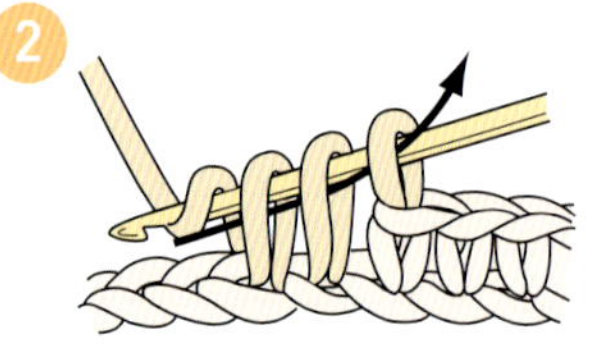 

미완성 짧은뜨기를 2코 뜹니다.

한 번에 뺍니다.

2코가 1코로 줄었습니다.

 ## 한길긴뜨기

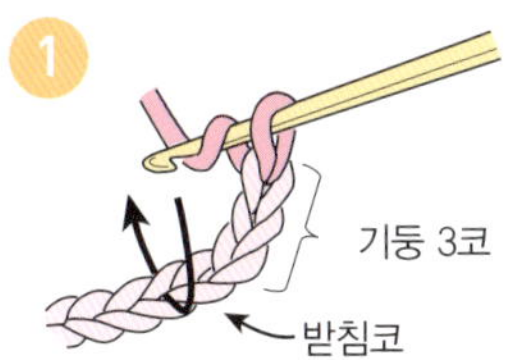 ①

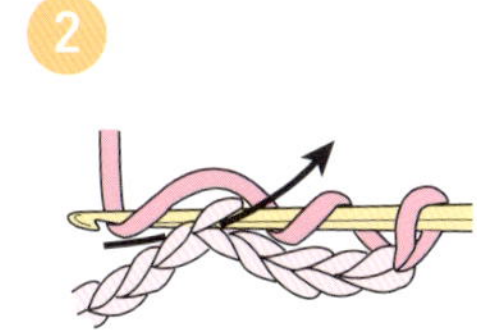 ②

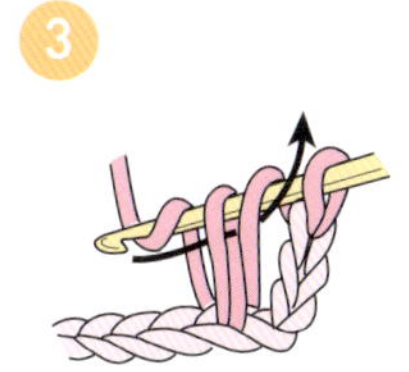 ③

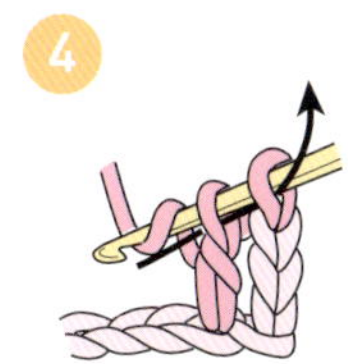 ④

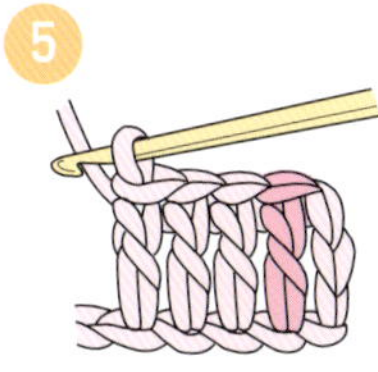 ⑤

 ## 한길긴뜨기 2코 넣어뜨기

 ①

한길긴뜨기로 1코 뜹니다.

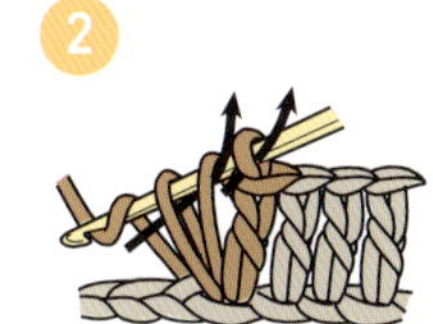 ②

같은 코에 한길긴뜨기로 1코를 더
뜹니다. 1코가 2코로 늘었습니다.

 ③

※ 같은 방법으로 Ⅶ는 한길긴뜨기 3
코를 같은 코에 떠서 넣습니다.

 ## 빼뜨기

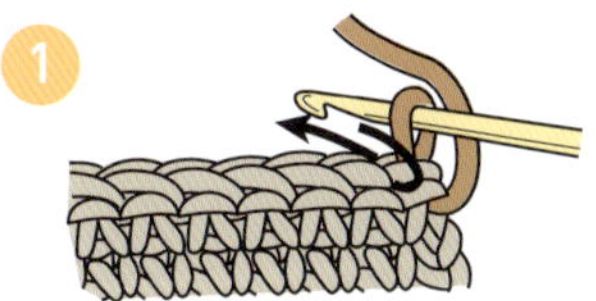 ①

화살표 방향으로 바늘을 넣습니다.

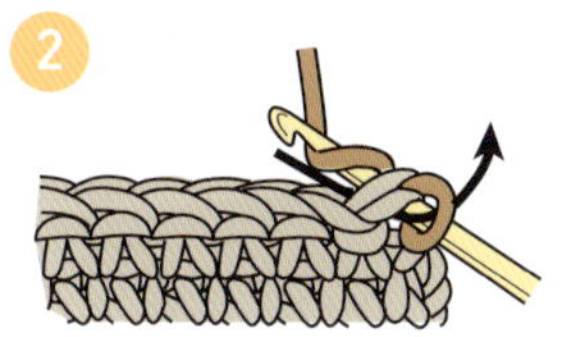 ②

한 번에 뺍니다.

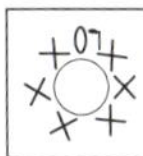 ## 실의 고리를 만드는 코 ※1단 째가 짧은뜨기일 경우입니다.

 ①

손가락에 실을
두 번 감습니다.

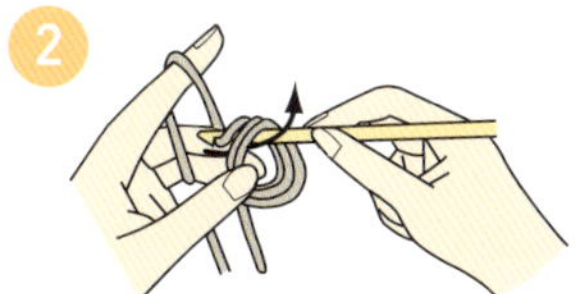 ②

고리 안에 코바늘을 넣고 실을 걸
어서 꺼냅니다.

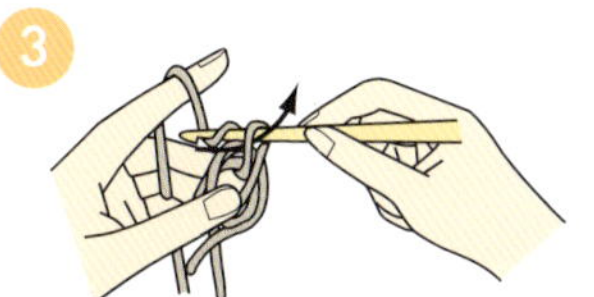 ③

바늘에 실을 걸고 화살표 방향으로
뺍니다.

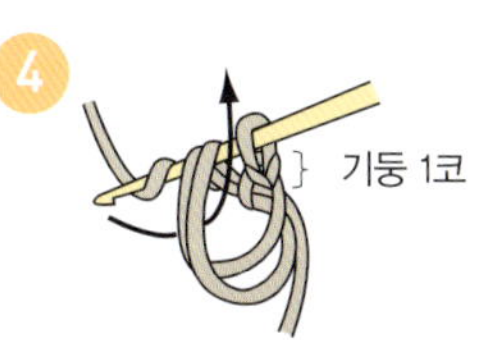 ④

사슬뜨기를 1단 완성해서 고리 안
에 바늘을 넣어서 실을 걸어 화살
표 방향으로 꺼내고 짧은뜨기를 합
니다.

 ⑤

필요한 만큼의 코를 고리에 떠서
넣고, 실 끝을 당겨서 움직이는 방
향의 고리를 꽉 당겨서 1개의 고리
를 단단히 조입니다.

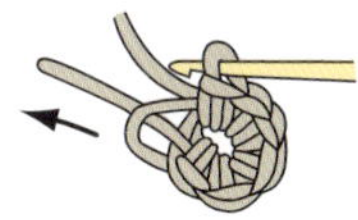 ⑥

실 끝을 당겨서 다른 1개의 고리도
잡아당겨 단단히 조입니다.

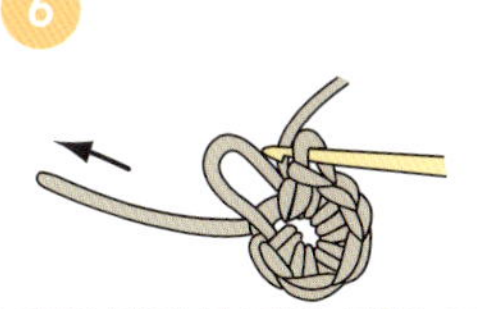 ⑦

짧은뜨기 1코 째에 화살표 방향으
로 바늘을 넣고 빼뜨기를 합니다.

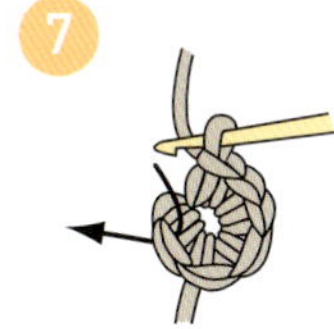

01 처음으로 만드는 매듭 액세서리

이번 장에서 소개하는 액세서리는 별도로 판매하는 DIY 패키지를 구입하여 만들 수 있습니다. DIY 패키지는 행복한 취미생활 DIY(http://cafe.naver.com/diytp) 카페에서 구입할 수 있습니다. 그밖의 작품을 만들고 싶은 분은 이 책의 작품을 참고하여 끈의 색상과 종류, 부속품 등을 바꿔서 만들어 보세요.

DIY 패키지

햄프 끈

- Natural(101) 300cm
- Yellow(702), Sky blue(502),
  Hot pink(405), Green yellow(701)
  각 200cm
- Rainbow Mix(303) 170cm
- 코코넛 부속품 2개

팔찌

유행을 타지 않는 기본 매듭으로 만든 심플한 팔찌.
친구와 함께 쉽고 재미있게 직접 만들어 보세요.

1 평매듭　2 사선엮기　3 평돌기매듭

4 레이스엮기　5 돌려엮기

만드는 법 : 1/24쪽(사진으로 만드는 과정 설명), 2/26쪽, 3/27쪽, 4/28쪽, 5/29쪽(사진으로 만드는 과정 설명)
디자인 : marchen-art studio

캠핑이나 바비큐에서
모두 함께 팔찌를 차다면
더 신날 거야!

좋아하는 색이나
디자인을 골라서
패션 포인트로 활용하세요!

액세서리 세트
부록의 재료로 만들 수 있는 팔찌, 발찌, 라리에트 3개 세트
여러 가지 아이템을 만들고 싶은 분에게 추천!
6
7
8
6 둥근 4줄접기   7 돌돌감기   8 3줄땋기
만드는 법 : 6/30쪽, 7/31쪽, 8/36쪽
디자인 : marchen-art studio

심플한 옷에
살짝 걸칠 수 있는
라리에트
돌돌 감아
쉽게 만드는
레인보우 컬러의 발찌
유행을 타지 않는
둥근 4줄엮기로 만든 팔찌는
남녀 모두에게 어울려요!

평매듭 팔찌 | ▲▲▲▲

재료

- **햄프 끈**
  매듭끈 A Natural(101) 150cm×1줄
  매듭끈 B Hot pink(405) 150cm×1줄
- **마감 장식**
  코코넛 부속품 1개

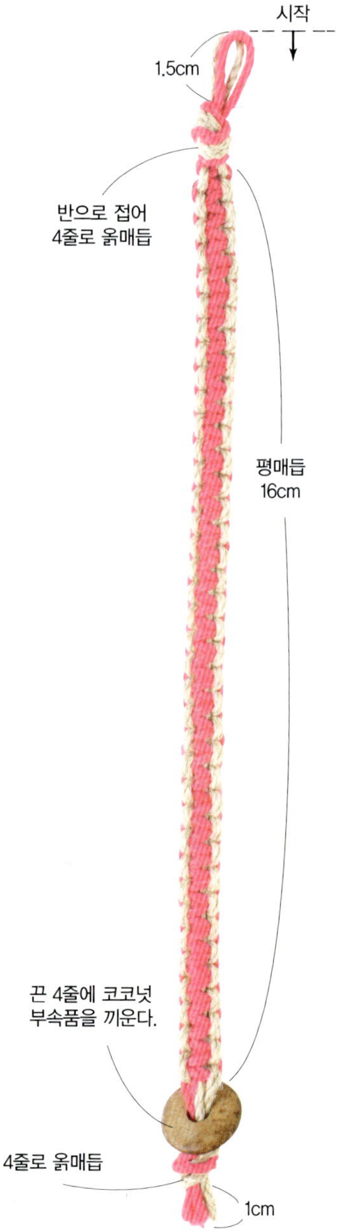

시작
1.5cm

반으로 접어
4줄로 옮매듭

평매듭
16cm

끈 4줄에 코코넛
부속품을 끼운다.

4줄로 옮매듭

1cm

1

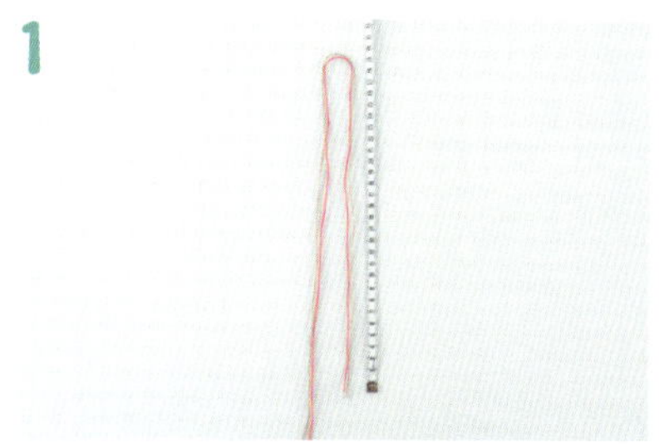

매듭끈 A와 B를 가지런히 놓고, 자로 재서 한 쪽 끈의 길이가 30cm 정도 되도록 접습니다.

2

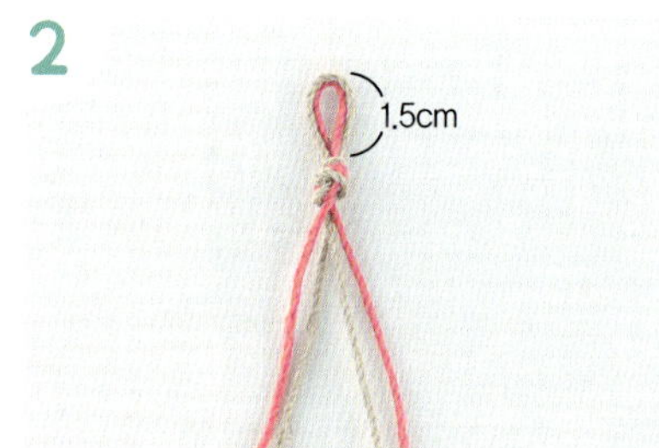

고리의 길이가 1.5cm가 되도록 매듭끈 4줄로 옮매듭(8쪽 참고)을 묶습니다.

3

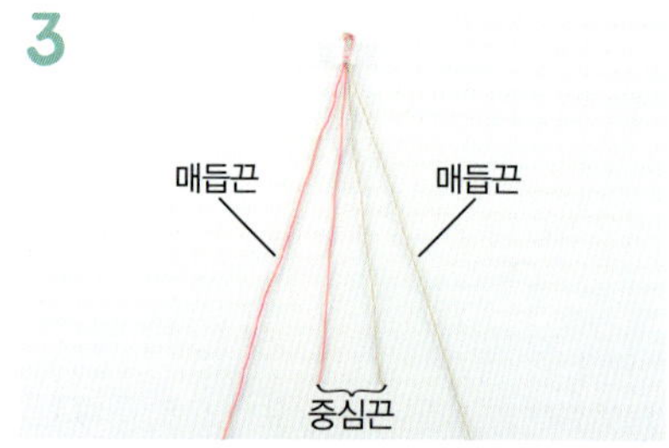

30cm인 끈이 안쪽에 오도록 끈을 다시 배치합니다(30cm인 짧은 끈이 중심끈이고 긴 끈이 매듭끈이 됩니다). 매듭 언저리에 테이프를 붙여 고정합니다.

4

왼쪽 평매듭을 묶습니다. 먼저 왼쪽 끈을 가운데 있는 2준(준실끈) 위에 올리고 그 위에 오른쪽 끈을 올립니다.

5

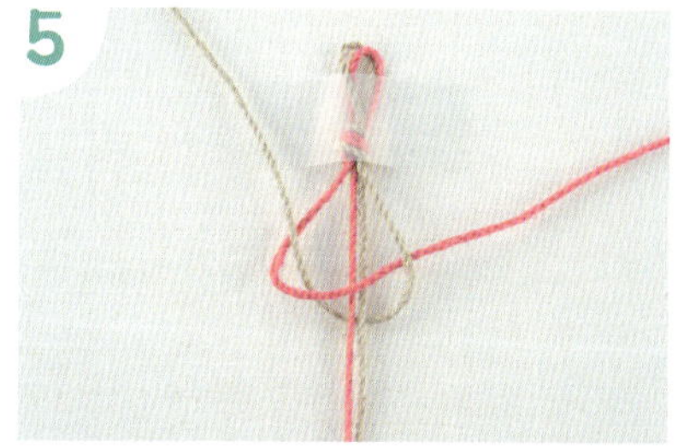

오른쪽 끈을 중심끈 아래로 통과시켜 왼쪽 고리 위로 뽑습니다.

6

양쪽 끈을 옆으로 당깁니다(여기까지를 0.5회라고 셉니다).

7

이번에는 오른쪽 끈을 중심끈 위에 올리고, 그 위에 왼쪽 끈을 올립니다.

8

왼쪽 끈을 중심끈 아래로 통과시켜 오른쪽 고리 위로 뺍니다.

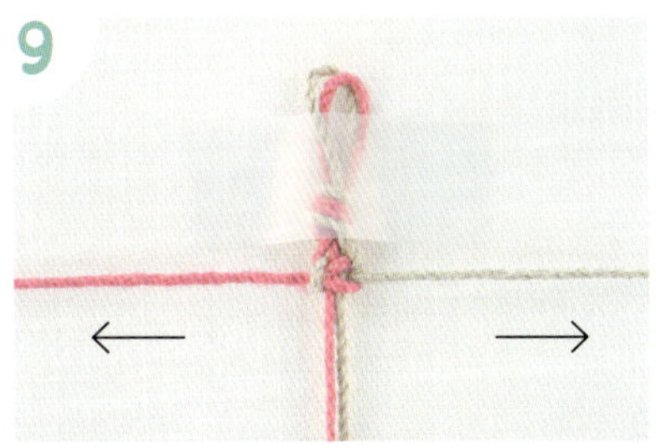

9

양쪽 끈을 옆으로 당깁니다. 왼쪽 평매듭이 1회 완성되었습니다.

10

4~9번을 반복해서 16cm가 될 때까지 왼쪽 평매듭을 묶습니다. 중심끈 위에 올라오는 끈은 항상 같은 색이라고 생각하면 이해하기 쉽습니다.

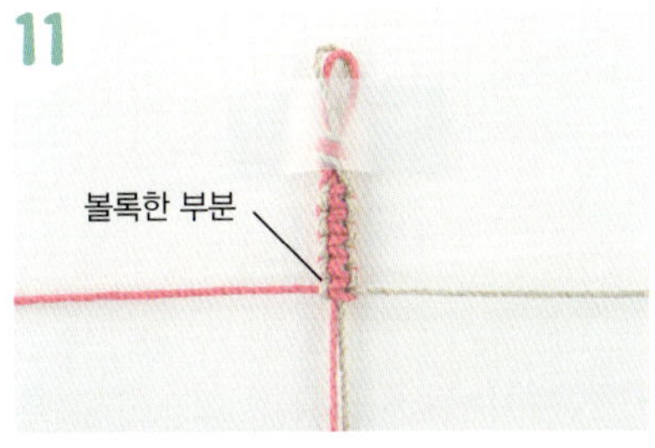

11

왼쪽 평매듭을 5회 묶은 모습입니다. 매듭을 셀 때는 매듭 양쪽에 있는 볼록한 부분의 개수를 셉니다. 왼쪽 평매듭일 때는 왼쪽의 볼록한 부분, 오른쪽 평매듭일 때는 오른쪽의 볼록한 부분의 개수를 셉니다.

12

왼쪽 평매듭이 16cm가 된 모습입니다. 손대중에 따라 다르지만 기준은 약 37회 정도입니다. 때때로 중심끈을 잡고 매듭을 위로 밀어 올리면서 조입니다.

13

끈 끝에서부터 코코넛 부속품을 끼웁니다. 먼저 매듭끈 4줄 중 2줄을 구멍에 끼웁니다.

14

먼저 끼운 매듭끈 2줄 사이에 다른 매듭끈 1줄을 끼웁니다.

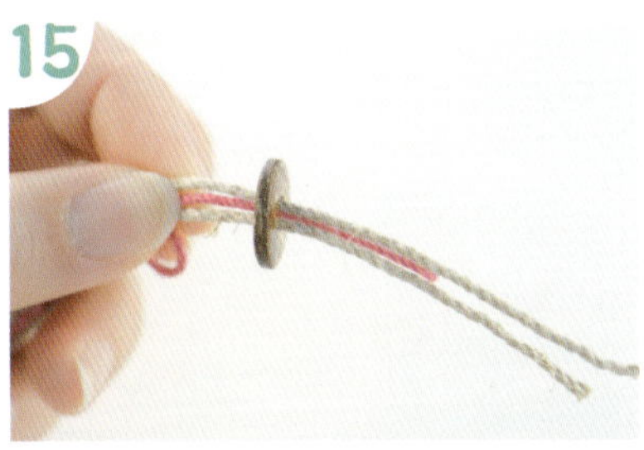

15

코코넛 부속품을 움직여 구멍에 실을 끼웁니다. 이렇게 하면 끈 여러 개를 코코넛 부속품에 쉽게 끼울 수 있습니다.

16

같은 방법으로 나머지 1줄도 다른 끈 사이에 끼워서 코코넛 부속품을 통과시킵니다.

17

매듭끈 4줄로 옭매듭을 묶습니다.

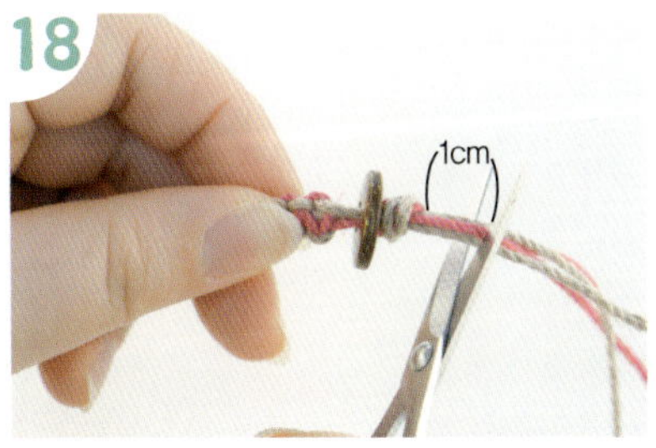

18

끈 끝을 1cm 남기고 가위로 자릅니다.

19

완성입니다.

사선엮기 팔찌 2 ▲▲▲▲

재료

- 햄프 끈
  매듭끈 A Natural(101) 100cm×1줄
  매듭끈 B Sky blue(502) 200cm×1줄

❷ 사선엮기 묶는 방법

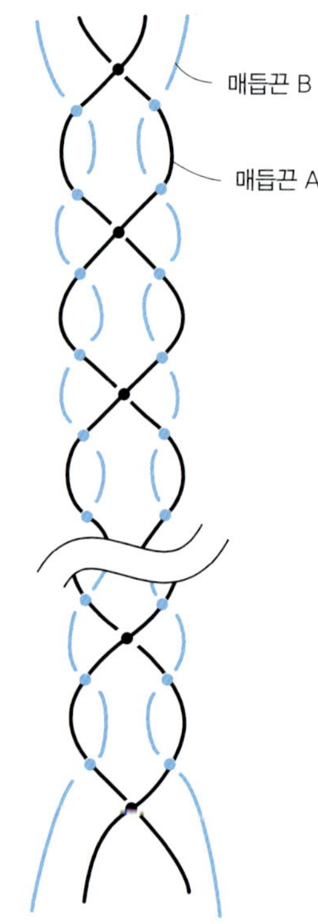

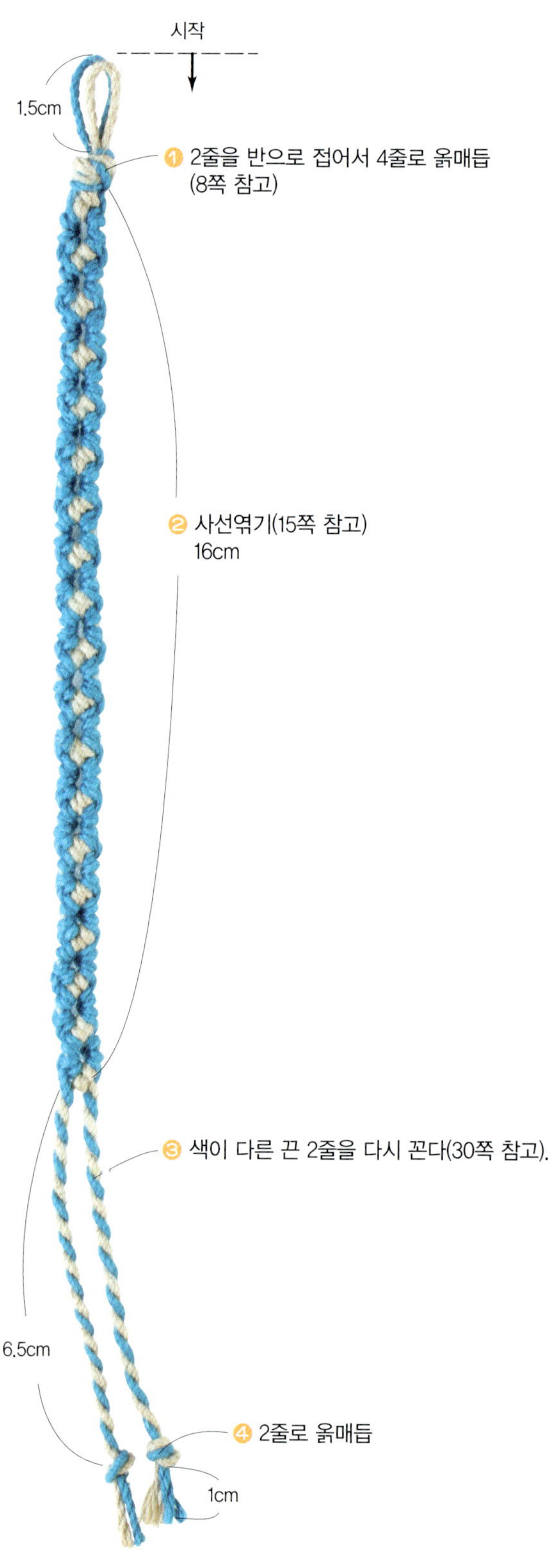

평돌기매듭 팔찌 3 ▲▲▲▲

❶ 중심끈을 반으로 접는다.

시작

1.5cm

❷ 매듭끈의 색이 좌우대칭이 되도록 단다(다는 방법은 10쪽의 '평매듭으로 매듭끈을 추가하는 방법' 참고).

❸ 왼쪽 평돌기매듭(12쪽 참고) 16cm

❹ 끈 4줄에 코코넛 부속품을 끼운다.

❺ 4줄로 옭매듭(8쪽 참고)

1cm

재료

- **햄프 끈**
  매듭끈 Rainbow Mix(303) 170cm×1줄
  중심끈 Natural(101) 50cm×1줄
- **마감 장식**
  코코넛 부속품 1개

레이스엮기 팔찌 4 ▲▲▲▲

재료

- 햄프 끈
  Yellow(702) 200cm×1줄

❷ 레이스엮기 묶는 방법

1.

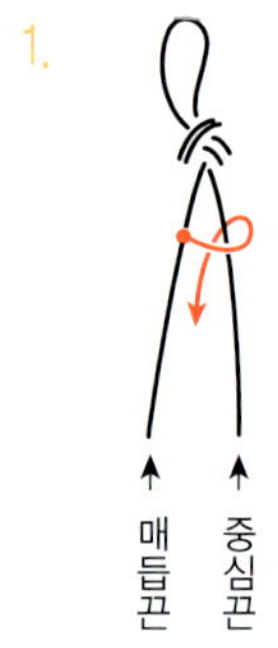

오른쪽을 중심끈으로 해서
왼쪽 레이스엮기 3회

2.

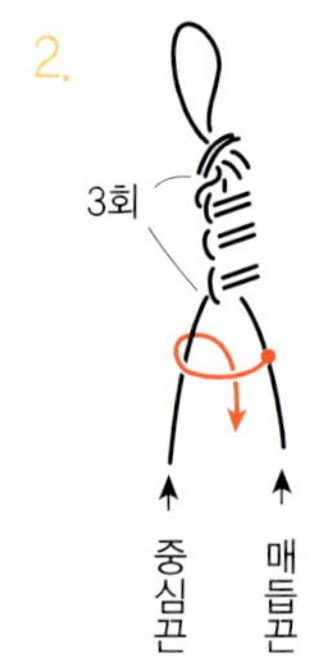

왼쪽을 중심끈으로 해서
오른쪽 레이스엮기 3회

3.

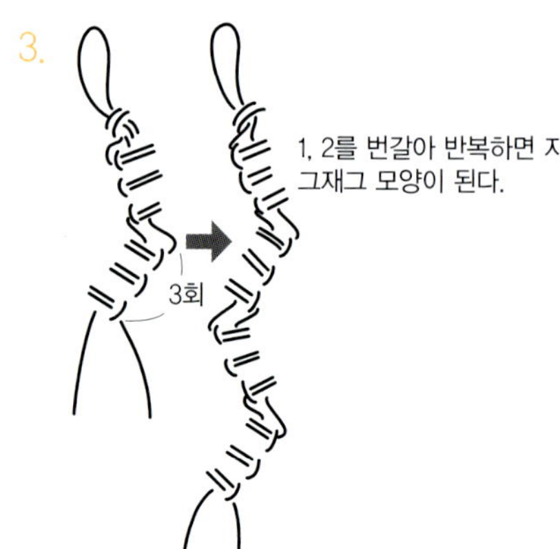

1, 2를 번갈아 반복하면 지
그재그 모양이 된다.

돌려엮기 팔찌 5

사이즈…손목 둘레 약 17cm

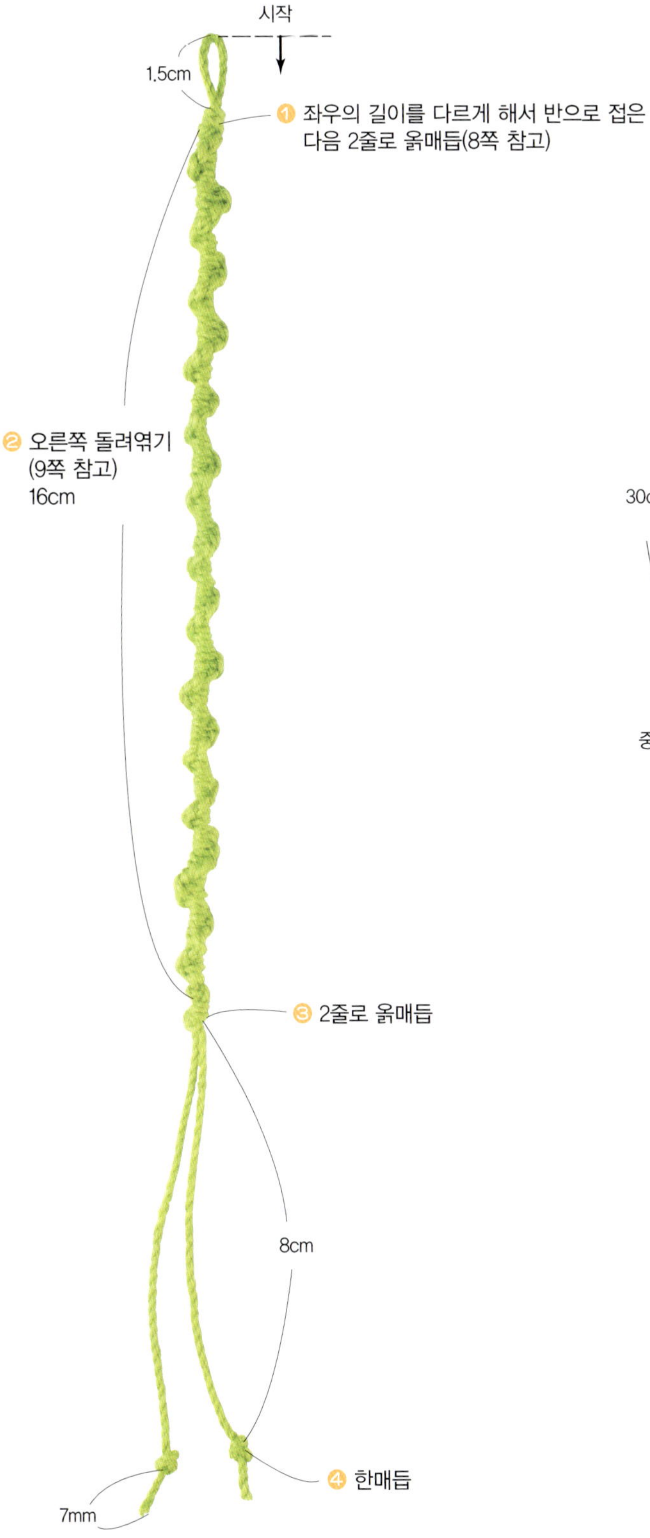
시작
1.5cm
❶ 좌우의 길이를 다르게 해서 반으로 접은 다음 2줄로 옭매듭(8쪽 참고)
❷ 오른쪽 돌려엮기 (9쪽 참고) 16cm
❸ 2줄로 옭매듭
8cm
❹ 한매듭
7mm

재료

- 햄프 끈
  Green yellow(701) 200cm×1줄

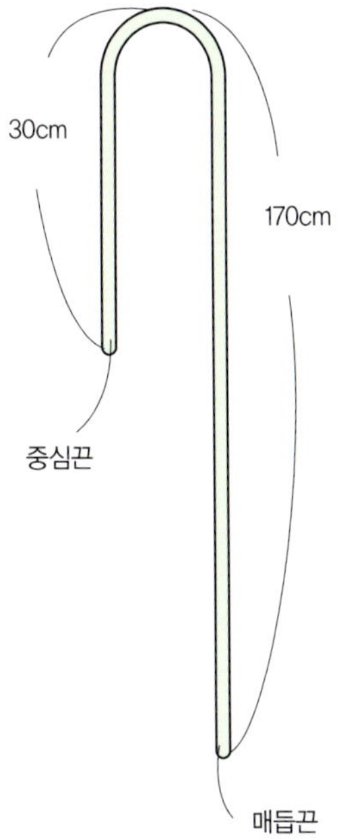
30cm
170cm
중심끈
매듭끈

둥근 4줄접기 팔찌 6 ▲▲▲▲

재료

- **햄프 끈**
  매듭끈 A Natural(101) 190cm×1줄
  매듭끈 B Sky blue(502) 190cm×1줄

❷ 끈 배치 법

(옭매듭으로 묶은 끈 4줄의 끝을
십자 모양으로 펼친 모습)

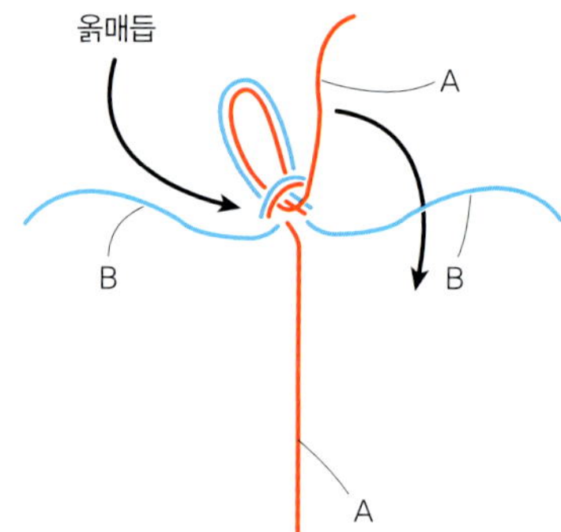

❸ 다시 꼬는 법

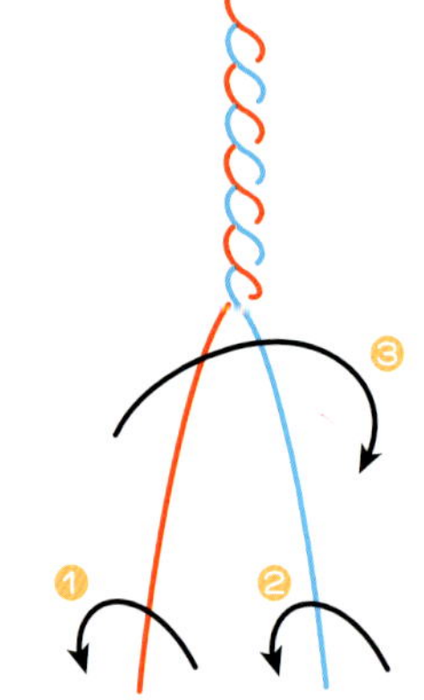

①, ②는 1줄씩 더 세게 꼰다. ③은
2줄을 한꺼번에 ①, ②와는 반대 방
향으로 감는다.

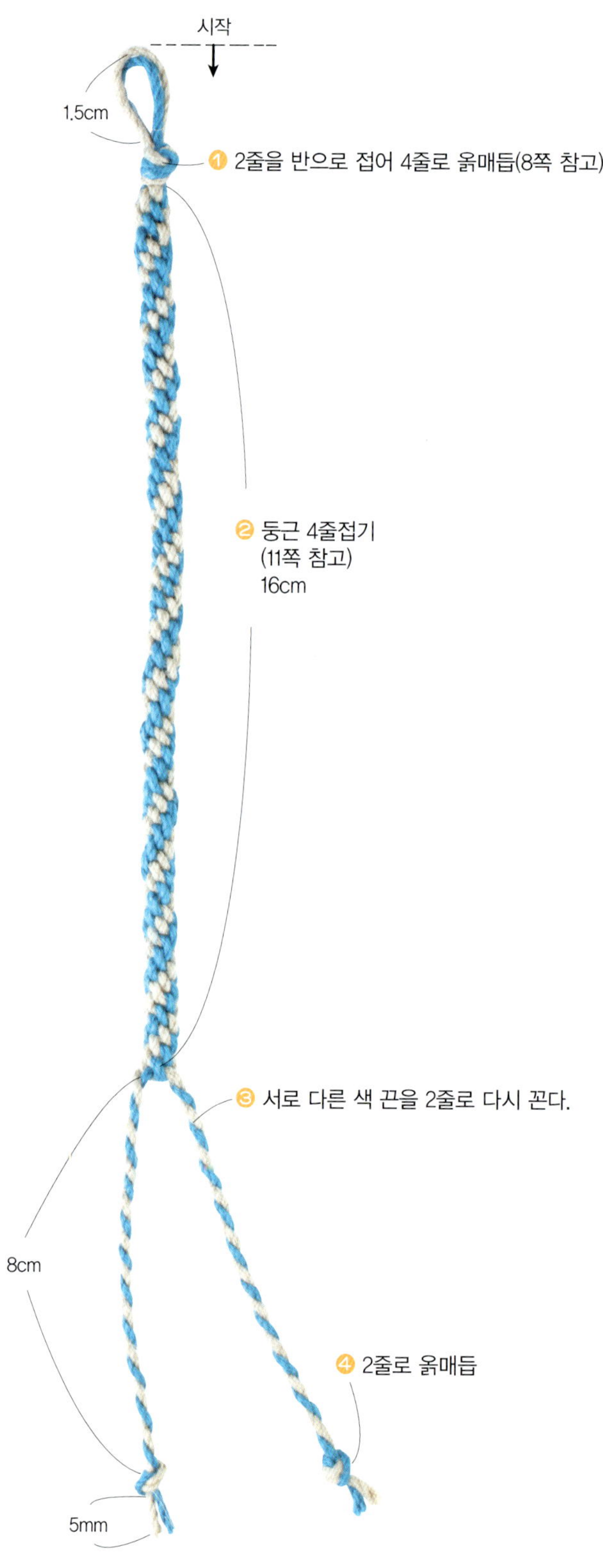

돌돌감기 발찌 7 ▲▲▲▲

재료

- 햄프 끈

  매듭끈 Rainbow Mix(303) 170cm×1줄
  중심끈 Natural(101) 90cm×1줄

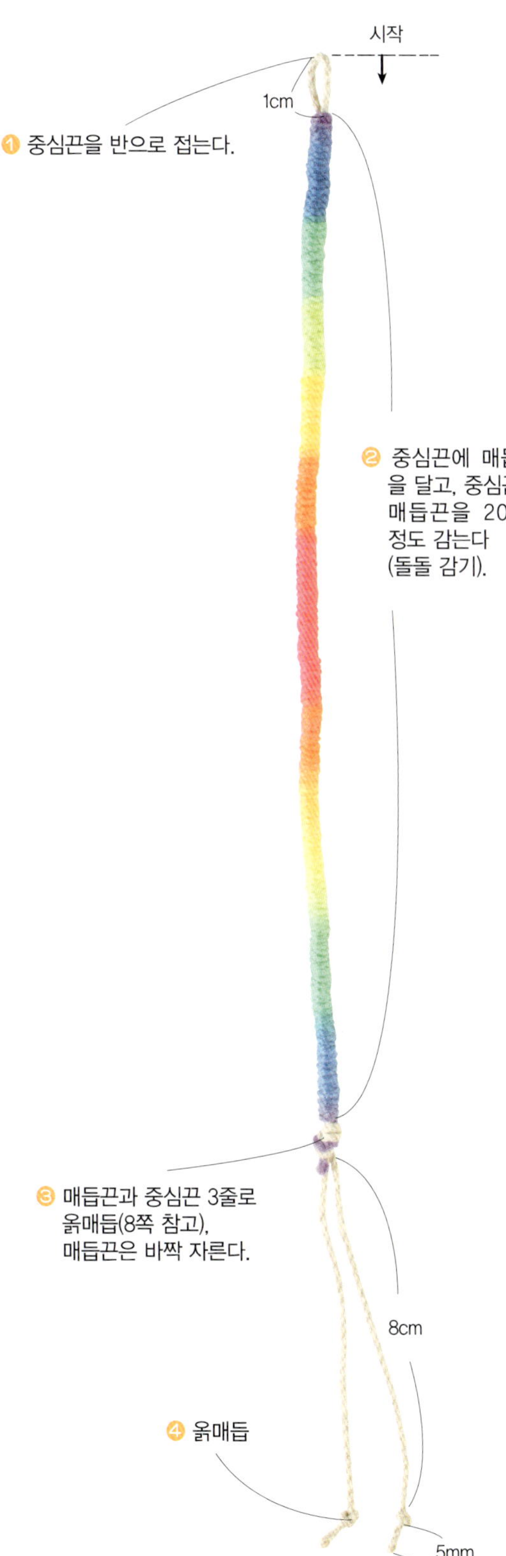

❷ 매듭끈을 다는 방법과 감는 방법

1.

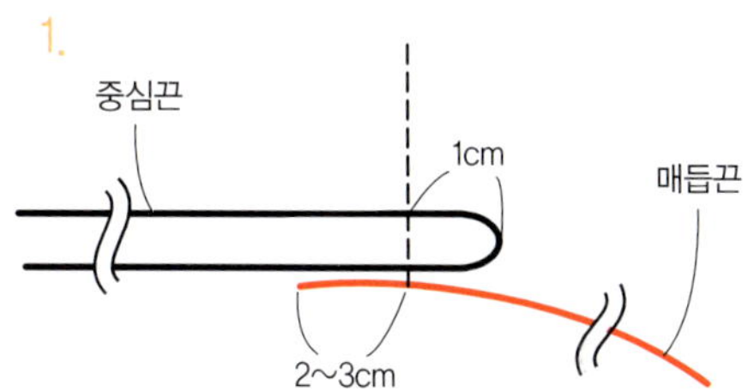

중심끈을 반으로 접고 매듭끈의 끝을 그림처럼 중심끈에 가져다 댄다.

2.

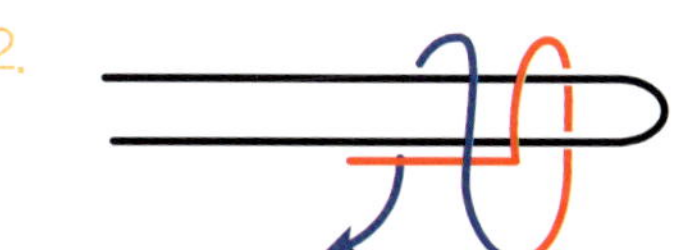

중심끈에 매듭끈을 감는다. 2~3cm 남은 부분도 감으면서 숨긴다.

3.

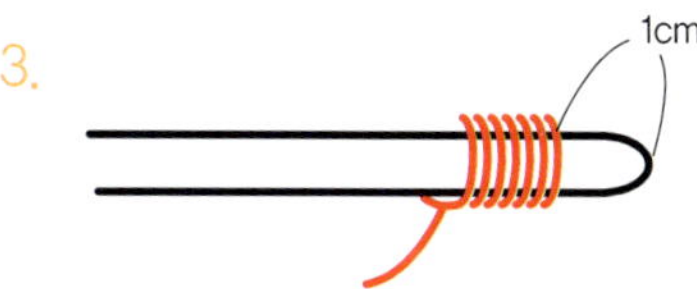

틈이 생기지 않도록 단단하게 감는다.

기본 팔찌 BASIC BRACELET

기본 평매듭을 약간 변형하여 만드는 팔찌.
팔찌 배색을 바꾸기만 해도 분위기가
달라지므로 몇 개를 만들어도 질리지 않습니다.

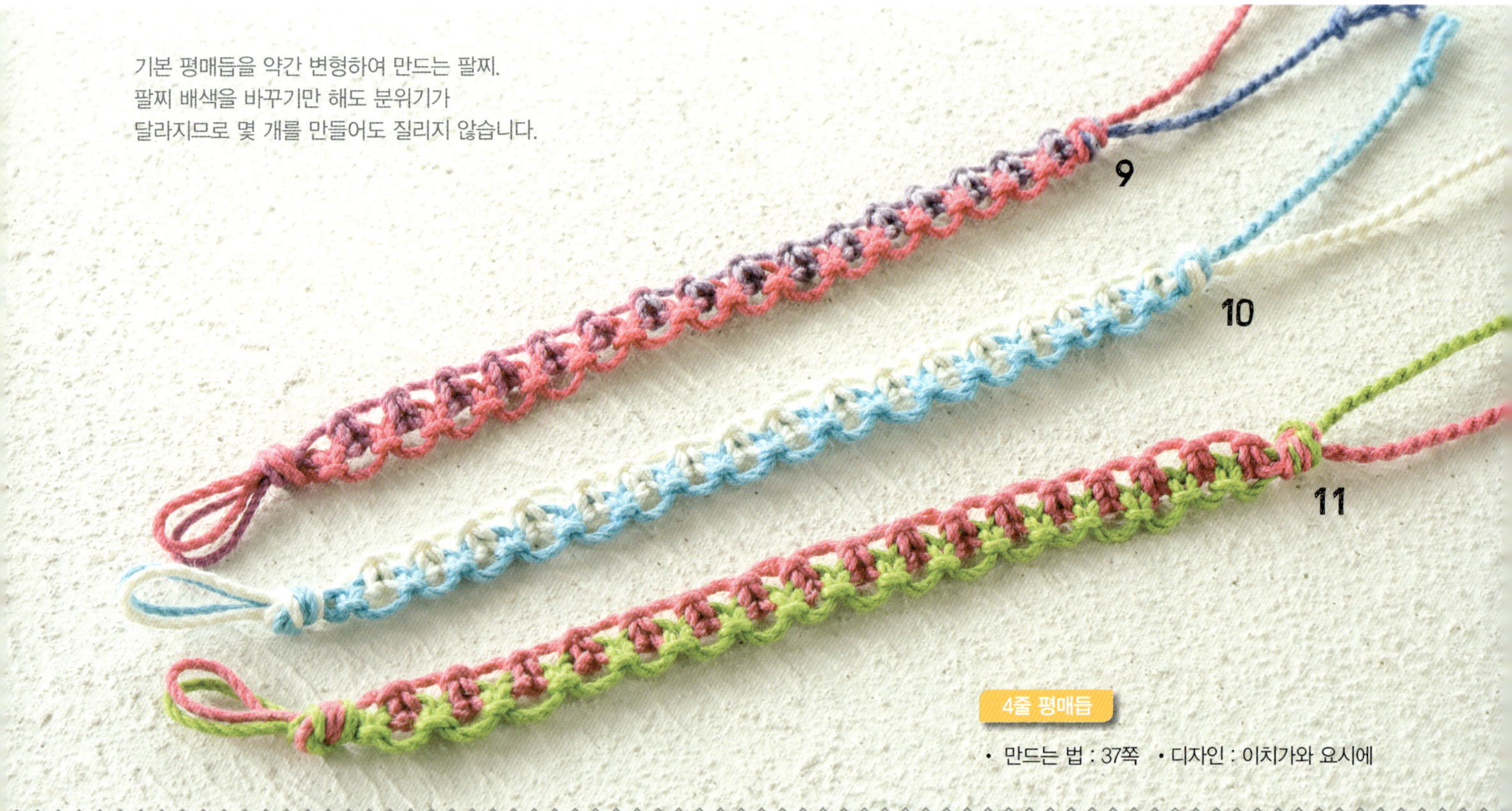

9

10

11

4줄 평매듭

• 만드는 법 : 37쪽　• 디자인 : 이치가와 요시에

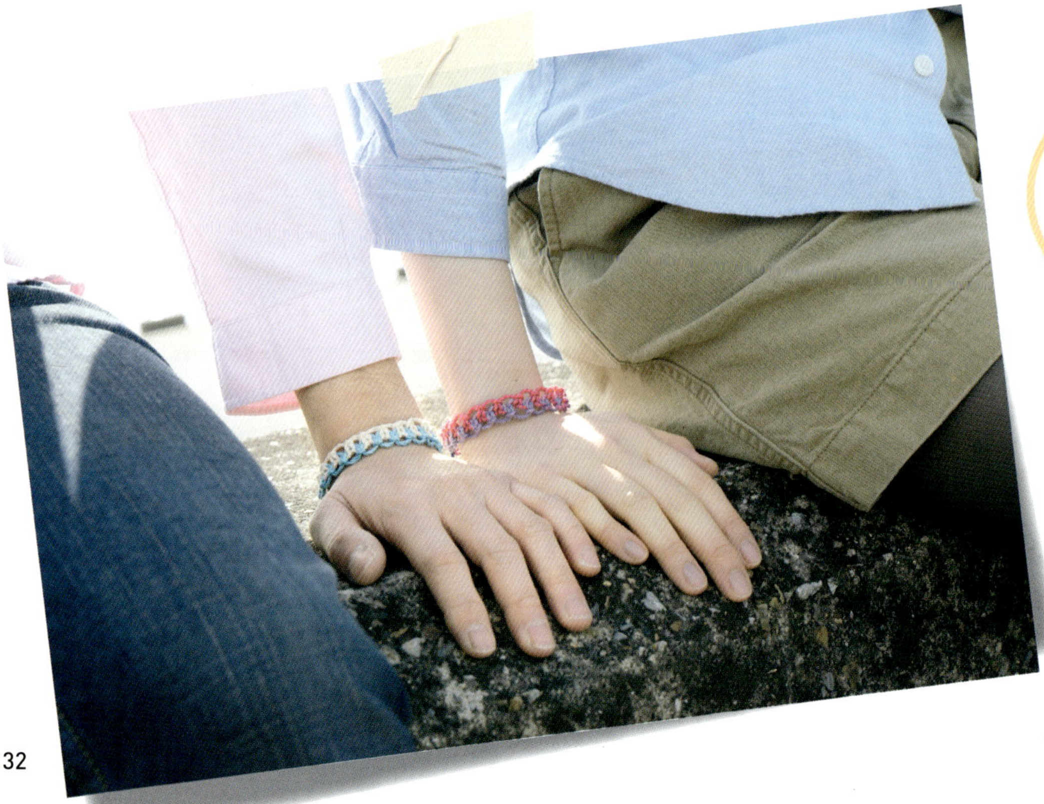

비비드한 색조가 멋진 레드와 스카이 블루.
소녀 감성의 파스텔 믹스 컬러를 사용한
평매듭을 응용한 팔찌

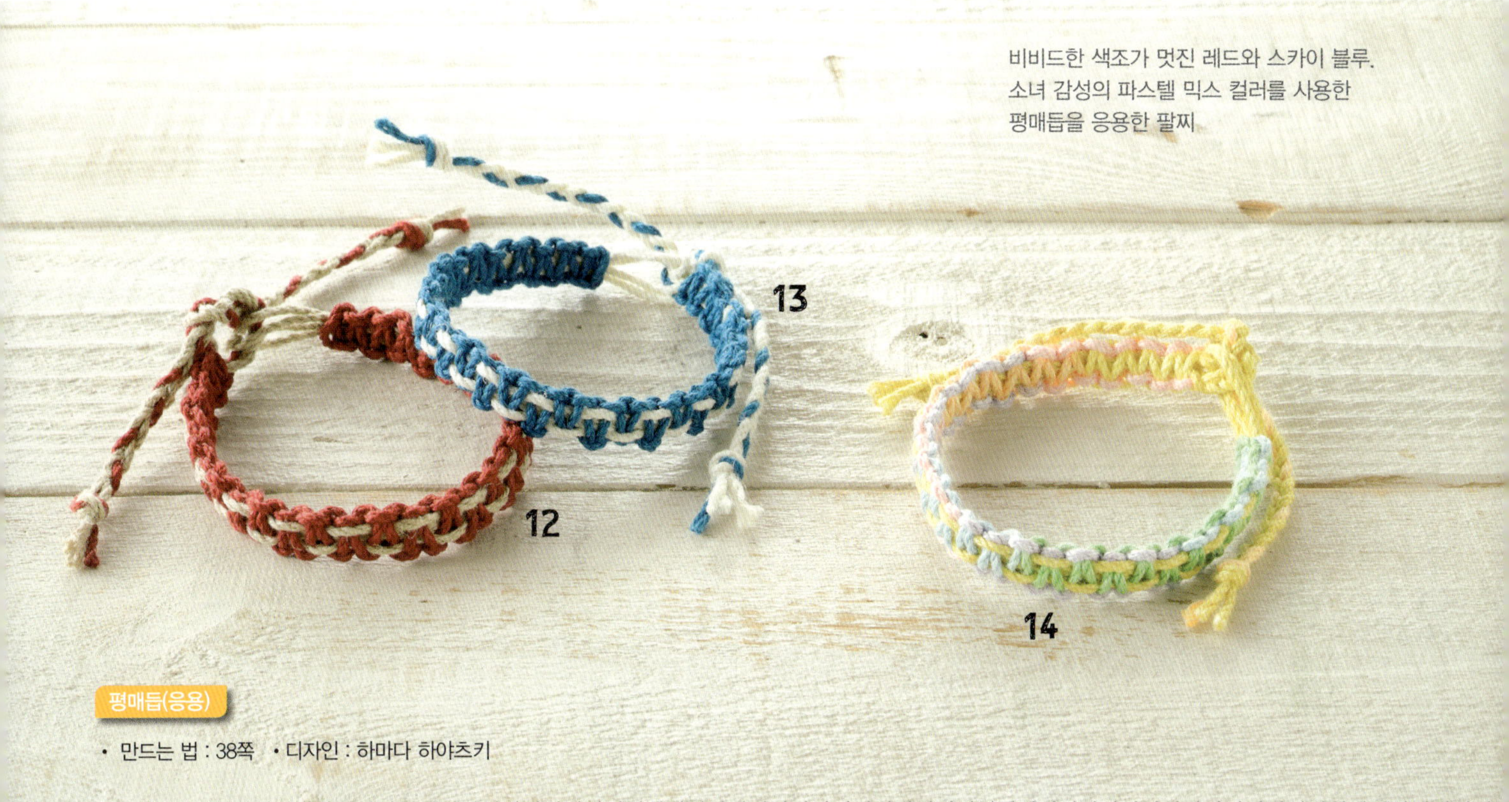

• 만드는 법 : 38쪽 • 디자인 : 하마다 하야츠키

배색이 재미있는 두 가지 색의 줄무늬 컬러
산뜻한 디자인으로
봄부터 여름까지 사용하기 딱 좋은 팔찌

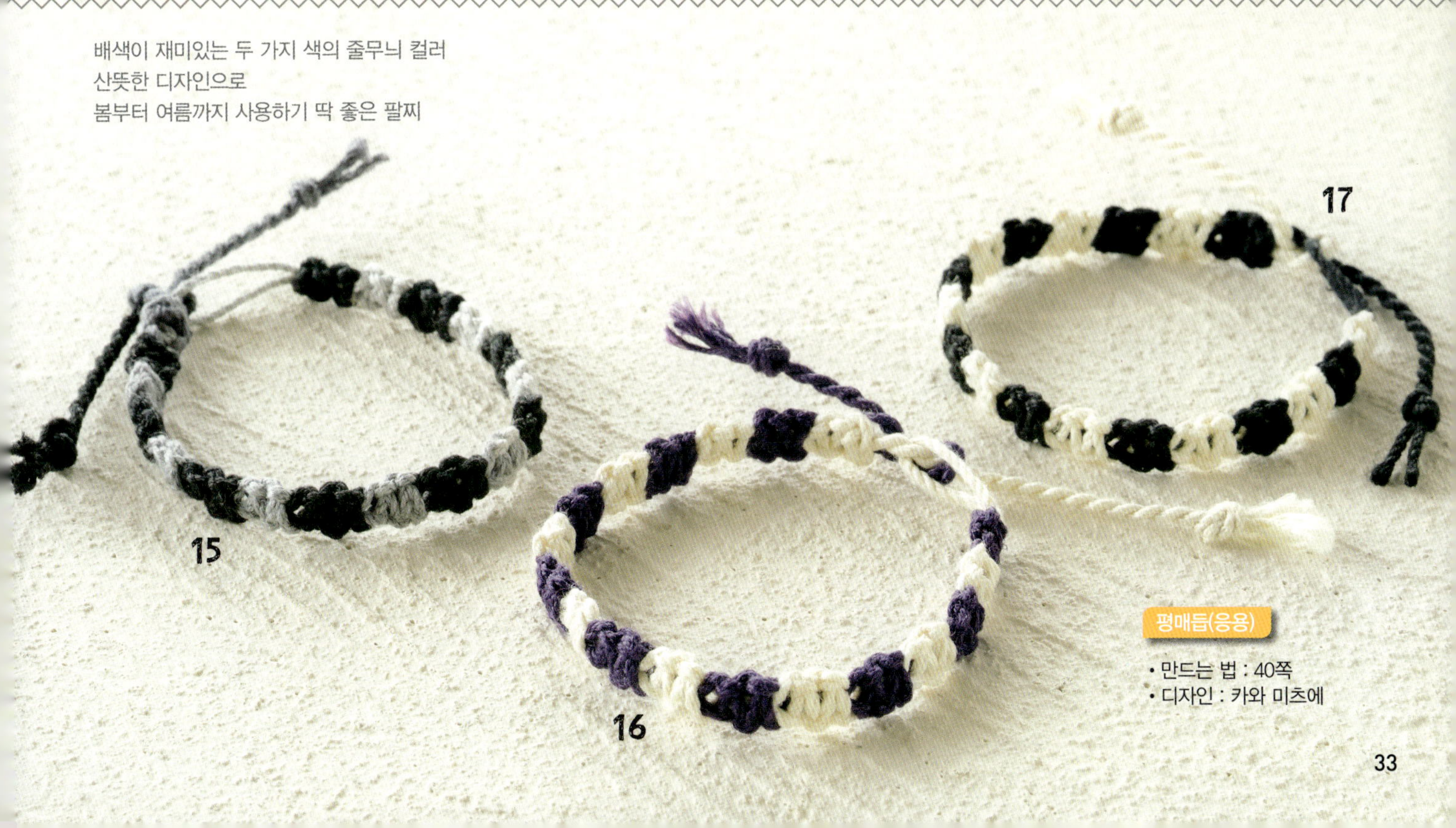

• 만드는 법 : 40쪽
• 디자인 : 카와 미츠에

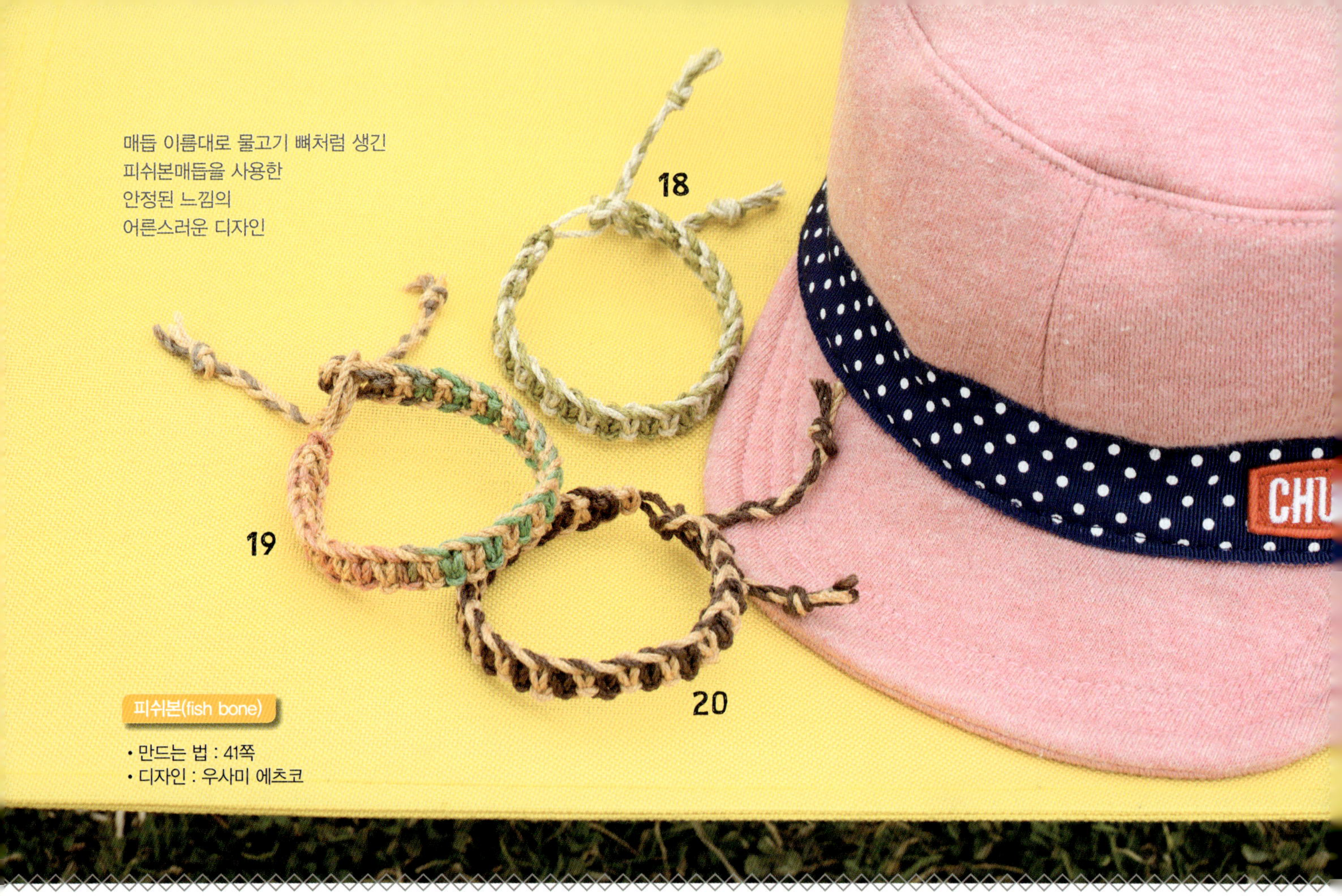

매듭 이름대로 물고기 뼈처럼 생긴
피쉬본매듭을 사용한
안정된 느낌의
어른스러운 디자인

피쉬본(fish bone)

• 만드는 법 : 41쪽
• 디자인 : 우사미 에츠코

큰 십자가와 작은 십자가를 번갈아 배치한
멋진 북유럽풍 디자인
어떤 옷에도 잘 어울립니다.

21

22

23

세로엮기, 가로엮기

• 만드는 법 : 42쪽 • 디자인 : 이노세 카요코

가로엮기를 사용해 만든 톱니 모양 디자인이 재미있는 팔찌
26번, 27번 작품처럼 2개를 겹쳐서 한 세트로 사용해도 좋습니다.

세로엮기, 가로엮기

• 만드는 법 : 43쪽
• 디자인 : 아사미 아이코

26번, 27번 따로따로인 사진

25

24

26 (Hot pink)
27 (Green yellow)

3줄땋기 라리에트 8 ▲▲▲▲

재료

- 햄프 끈
  매듭끈 A Yellow(702) 180cm×1줄
  매듭끈 B Hot pink(405) 180cm×1줄
  매듭끈 C Green yellow(701) 180cm×1줄
- 마감 장식
  코코넛 부속품 2개

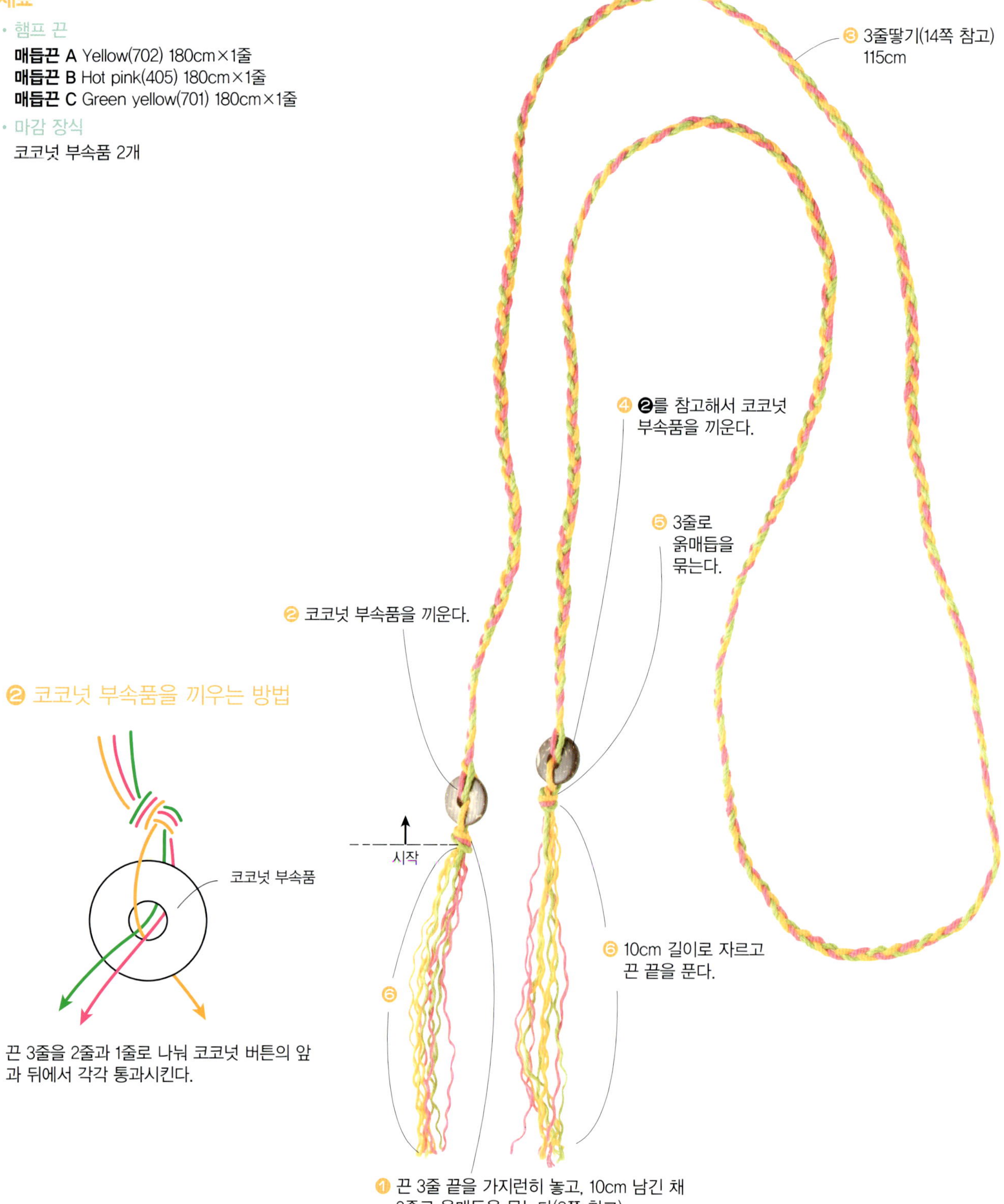

❷ 코코넛 부속품을 끼우는 방법

끈 3줄을 2줄과 1줄로 나눠 코코넛 버튼의 앞과 뒤에서 각각 통과시킨다.

❶ 끈 3줄 끝을 가지런히 놓고, 10cm 남긴 채
3줄로 옭매듭을 묶는다(8쪽 참고).

4줄 평매듭 팔찌 9, 10, 11 ▲▲▲▲

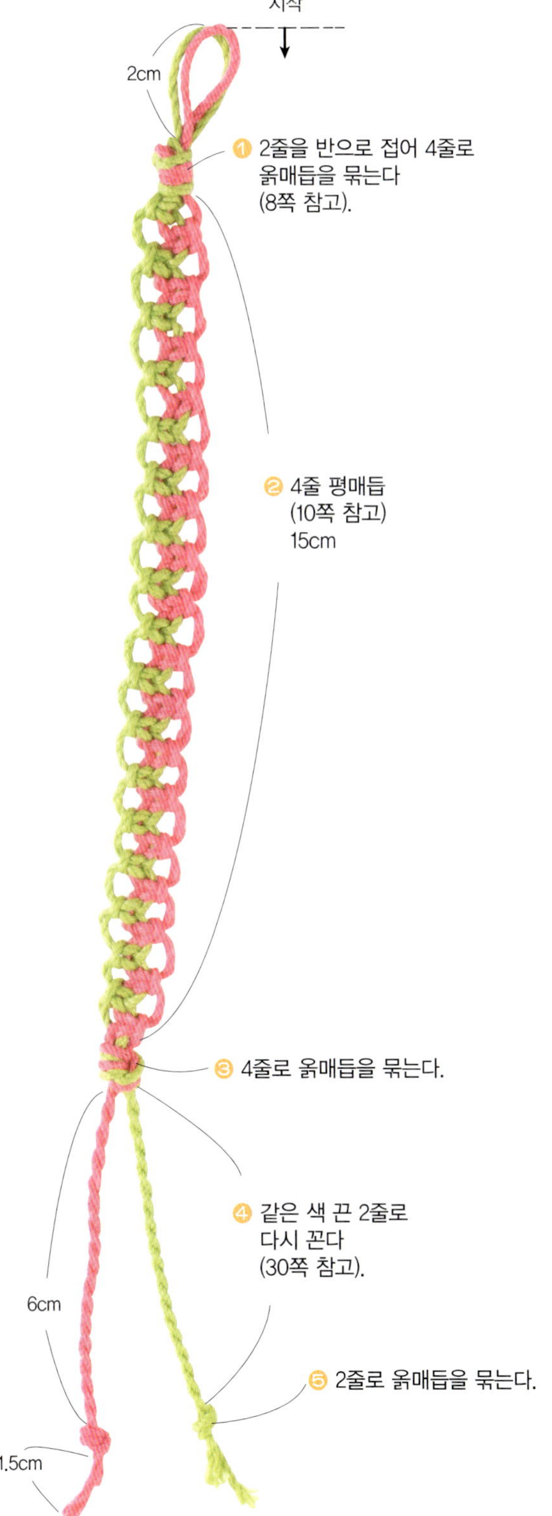

9번 재료

- 햄프 끈
  매듭끈 A Party Mix(307) 130cm×1줄
  매듭끈 B Hot pink(405) 130cm×1줄

10번 재료

- 햄프 끈
  매듭끈 A White(201) 130cm×1줄
  매듭끈 B Light blue(501) 130cm×1줄

11번 재료

- 햄프 끈
  매듭끈 A Hot pink(405) 130cm×1줄
  매듭끈 B Green yellow(701) 130cm×1줄

❷ 끈의 배치 방법

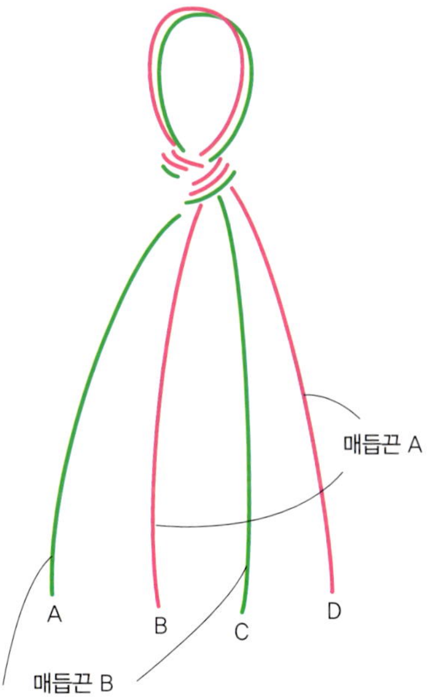

33 쪽 평매듭 응용 팔찌 12, 13, 14 ▲▲▲▲

사이즈…손목 둘레 약 19cm

12번 재료

- 햄프 끈

매듭끈 Red(403) 200cm×1줄
중심끈 Natural(101) 70cm×2줄

13번 재료

- 햄프 끈

매듭끈 Sky blue(502) 200cm×1줄
중심끈 White(201) 70cm×2줄

14번 재료

- 햄프 끈

매듭끈 Violet Mix(304) 200cm×1줄
중심끈 Light yellow(704) 70cm×2줄

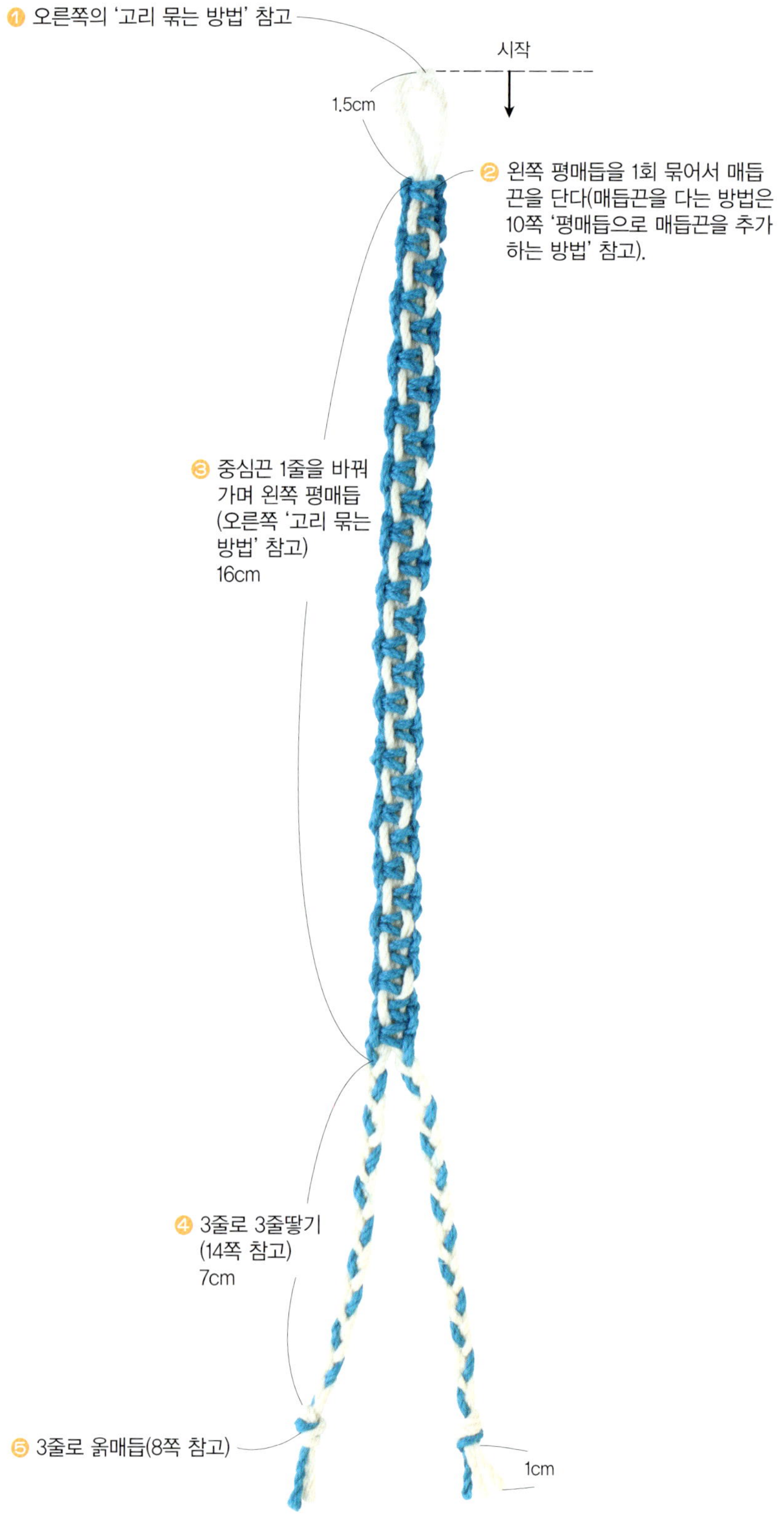

❶ 오른쪽의 '고리 묶는 방법' 참고
시작
1.5cm
❷ 왼쪽 평매듭을 1회 묶어서 매듭끈을 단다(매듭끈을 다는 방법은 10쪽 '평매듭으로 매듭끈을 추가하는 방법' 참고).
❸ 중심끈 1줄을 바꿔가며 왼쪽 평매듭 (오른쪽 '고리 묶는 방법' 참고) 16cm
❹ 3줄로 3줄땋기 (14쪽 참고) 7cm
❺ 3줄로 옭매듭(8쪽 참고)
1cm

중심끈 1줄 중앙을 느슨하게 옭매듭으로 묶습니다. 나머지 중심끈 1줄을 옭매듭으로 묶은 고리 안에 끼워 넣습니다.

고리 안에 끼워 넣은 모습입니다.

끼워 넣은 끈이 중심끈의 중앙에 오도록 줄의 위치를 조정한 다음 매듭을 단단하게 조입니다.

❷, ❸의 고리 묶는 방법

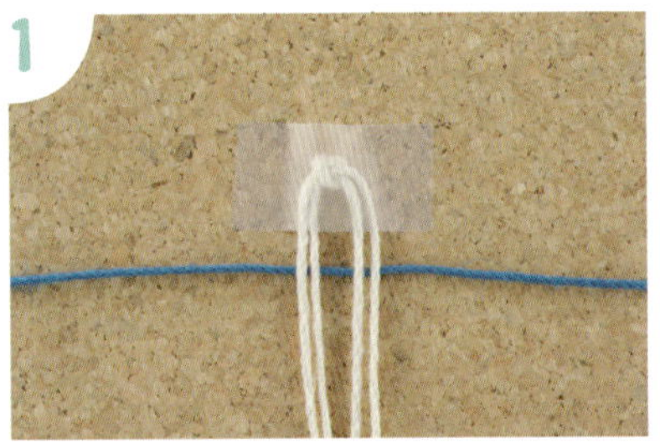

매듭이 위로 오도록 해서 중심끈을 반으로 접고, 테이프를 붙여 고정합니다. 중심끈의 매듭에서 1.5cm 아래쪽에 매듭끈의 중심이 오게 놓습니다.

왼쪽 평매듭(10쪽 참고)을 1회 묶어 위쪽에 1.5cm 크기의 고리를 만듭니다. 중심끈 4줄을 나란히 놓습니다.

왼쪽 끝에 있는 중심끈 1줄은 위로 올리고, 왼쪽 매듭끈을 가운데에 있는 중심끈 3줄 위에 올리고 그 위에 오른쪽 매듭끈을 올립니다.

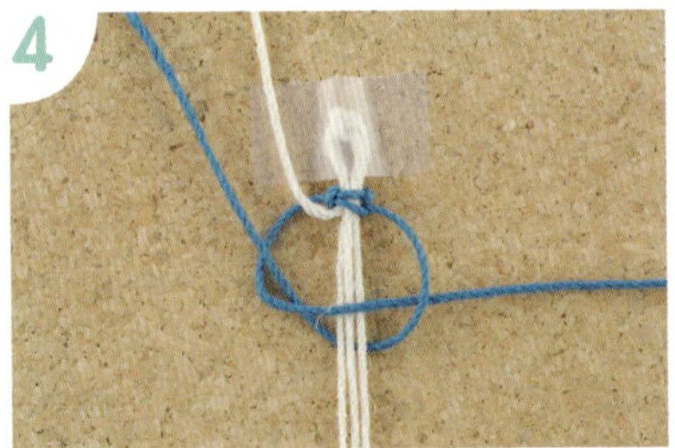

오른쪽 매듭끈을 중심끈 3줄 아래로 통과시켜 왼쪽 매듭끈의 고리 위로 빼내고 조입니다.

이번에는 오른쪽 매듭끈을 중심끈 위에 올리고, 그 위에 왼쪽 매듭끈을 올립니다. 왼쪽 매듭끈을 중심끈 3줄 아래로 통과시켜 오른쪽 매듭끈의 고리 위로 꺼냅니다.

매듭끈을 좌우로 당겨 단단하게 조입니다. 왼쪽 평매듭이 2회 완성되었습니다. 왼쪽의 중심끈을 아래로 돌려 놓습니다.

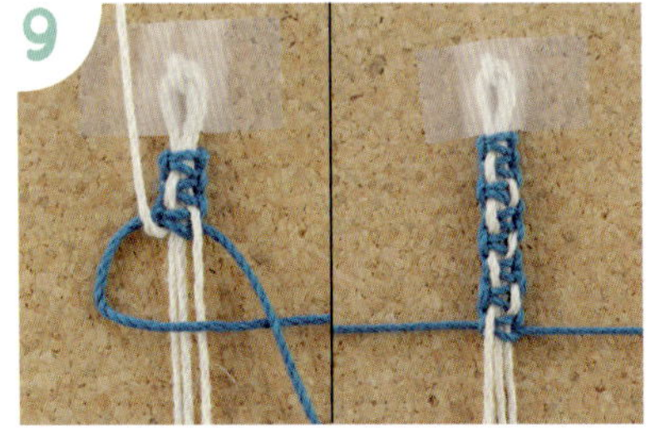

오른쪽 끝에 있는 중심끈 1줄을 위로 올립니다. 왼쪽 매듭끈을 가운데에 있는 중심끈 3줄 위에 올리고 그 위에 오른쪽 매듭끈을 올립니다.

4와 5를 반복하고 매듭끈을 단단히 조여 왼쪽 평매듭을 3회째 묶습니다. 위로 올린 중심끈을 제자리에 돌려 놓습니다.

3~8을 반복해서 묶으며 모양을 만들어 갑니다.

줄무늬 팔찌 15, 16, 17 ▲▲▲▲

15번 재료

• 햄프 끈
  매듭끈 A Cool gray(202) 120cm×1줄
  매듭끈 B Black(204) 120cm×1줄

16번 재료

• 햄프 끈
  매듭끈 A White(201) 120cm×1줄
  매듭끈 B Violet(505) 120cm×1줄

17번 재료

• 햄프 끈
  매듭끈 A Black(204) 120cm×1줄
  매듭끈 B White(201) 120cm×1줄

❸의 매듭 묶는 방법

1.

매듭끈 A(안쪽)와 매듭끈 B(바깥쪽)의 자리를 서로 바꾼다.

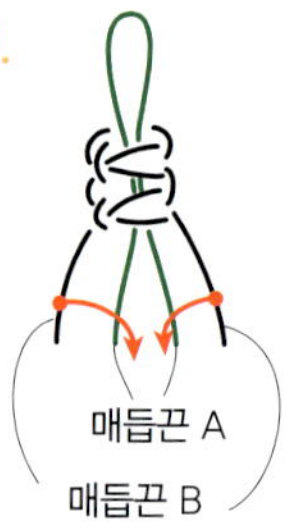

2.

매듭끈 B를 중심 끈으로 해서 왼쪽 평매듭 2회

3.

같은 방법으로 매듭끈 A, B를 서로 바꿔가며 묶는다.

❹ 마무리하는 방법(뒷면)

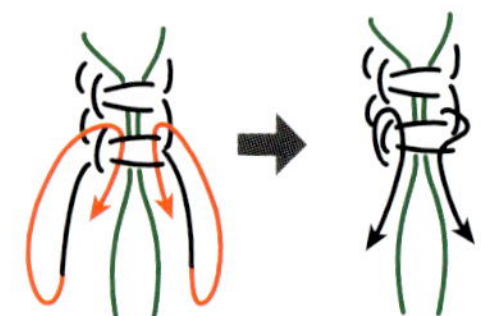

그림의 화살표처럼 끈을 매듭 위에서 안쪽으로 넣어 통과시켜 빼낸다.

❶ 매듭끈 A를 반으로 접는다.

시작

1.5cm

❷ 매듭끈 B로 10쪽의 '평매듭으로 매듭끈을 추가하는 방법'을 참고해서 왼쪽 평매듭 2회

❸ 매듭끈 A, B를 서로 바꿔 넣으면서 2회씩 왼쪽 평매듭

16cm

❹ 마무리한다.

❺ 같은 색 끈 2줄로 다시 꼰다(30쪽 참고).

1cm

피쉬본 팔찌 18, 19, 20 ▲▲▲▲

사이즈…손목 둘레 약 **19**cm

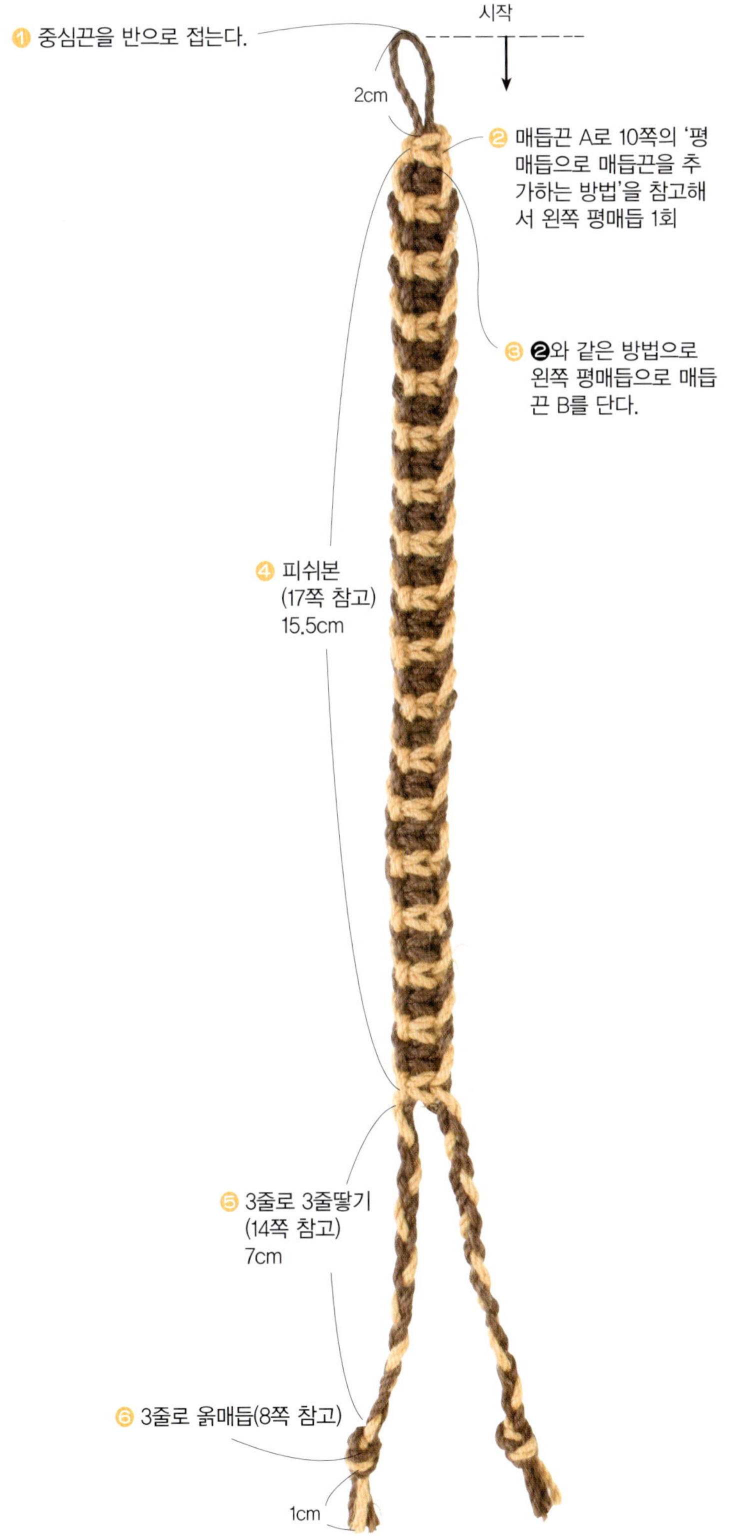

① 중심끈을 반으로 접는다.

시작

2cm

② 매듭끈 A로 10쪽의 '평매듭으로 매듭끈을 추가하는 방법'을 참고해서 왼쪽 평매듭 1회

③ ②와 같은 방법으로 왼쪽 평매듭으로 매듭끈 B를 단다.

④ 피쉬본
(17쪽 참고)
15.5cm

⑤ 3줄로 3줄땋기
(14쪽 참고)
7cm

⑥ 3줄로 옭매듭(8쪽 참고)

1cm

18번 재료

• 햄프 끈

매듭끈 A Khaki(603) 120cm×1줄
매듭끈 B Natural(101) 120cm×1줄
중심끈 Natural(101) 60cm×1줄

19번 재료

• 햄프 끈

매듭끈 A Brown Mix(301) 120cm×1줄
매듭끈 B Light brown(801) 120cm×1줄
중심끈 Light brown(801) 60cm×1줄

20번 재료

• 햄프 끈

매듭끈 A Light brown(801) 120cm×1줄
매듭끈 B Brown(802) 120cm×1줄
중심끈 Brown(802) 60cm×1줄

가로세로 팔찌 21, 22, 23 ▲▲▲▲

21번 재료

• 햄프 끈

매듭끈 Natural(101) 400cm×1줄
중심끈 A Green(605) 120cm×1줄
중심끈 B Green(605) 70cm×4줄

22번 재료

• 햄프 끈

매듭끈 Red(403) 400cm×1줄
중심끈 A White(201) 120cm×1줄
중심끈 B White(201) 70cm×4줄

23번 재료

• 햄프 끈

매듭끈 Light blue(501) 400cm×1줄
중심끈 A Yellow(702) 120cm×1줄
중심끈 B Yellow(702) 70cm×4줄

❶의 매듭 묶는 방법

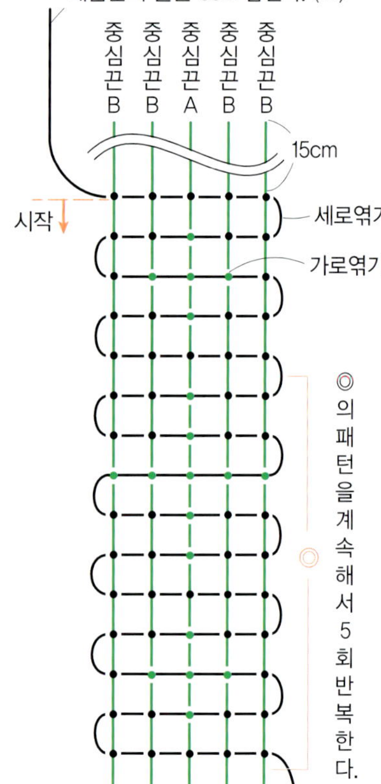

지그재그 팔찌 24, 25, 26, 27 ▲▲▲▲

사이즈…손목 둘레 약 17cm

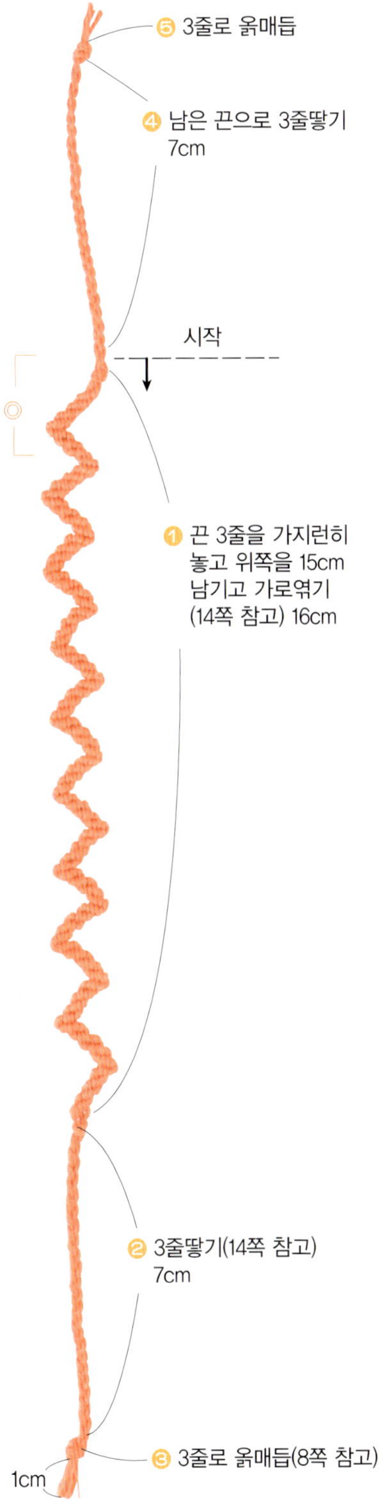

❺ 3줄로 옭매듭

❹ 남은 끈으로 3줄땋기
7cm

시작

❶ 끈 3줄을 가지런히
놓고 위쪽을 15cm
남기고 가로엮기
(14쪽 참고) 16cm

24번 재료
- 햄프 끈
Orange(703) 140cm×3줄

25번 재료
- 햄프 끈
White(201) 140cm×3줄

26번 재료
- 햄프 끈
Hot pink(405) 140cm×3줄

27번 재료
- 햄프 끈
Green yellow(701) 140cm×3줄

❶의 매듭 묶는 방법

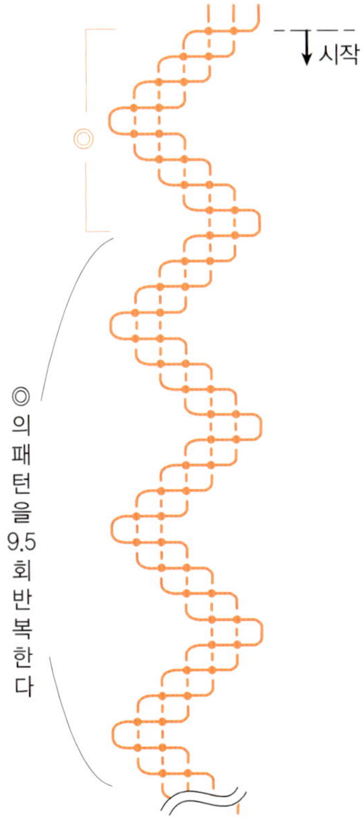

시작

◎의 패턴을 9.5회 반복한다

❷ 3줄땋기(14쪽 참고)
7cm

❸ 3줄로 옭매듭(8쪽 참고)

1cm

소녀풍 팔찌 GIRLISH BRACELET

가늘게 마무리한 좌우엮기를 사용해
화려한 3줄 레이어드 팔찌를
보기 좋게 끼워 넣은
담수 진주와 수정이 포인트

좌우엮기

• 만드는 법 : 48쪽
• 디자인 : 히토미 쇼코

평매듭으로 만든 메인 햄프와
비즈를 끼운 가는 햄프 끈이 하늘하늘 움직이는 디자인
밝은 색으로 마무리하면 예쁩니다.

3줄땋기, 평매듭, 4줄땋기

• 만드는 법 : 49쪽   • 디자인 : marioo

04

파워스톤 팔찌 POWER STONE BRACELET

커플 팔찌 PAIR BRACELET

글씨를 새긴 앤티크 느낌이 나는 골드 장식이 멋있습니다.
평매듭과 레이스엮기로
심플하고 세련되게 완성했습니다.

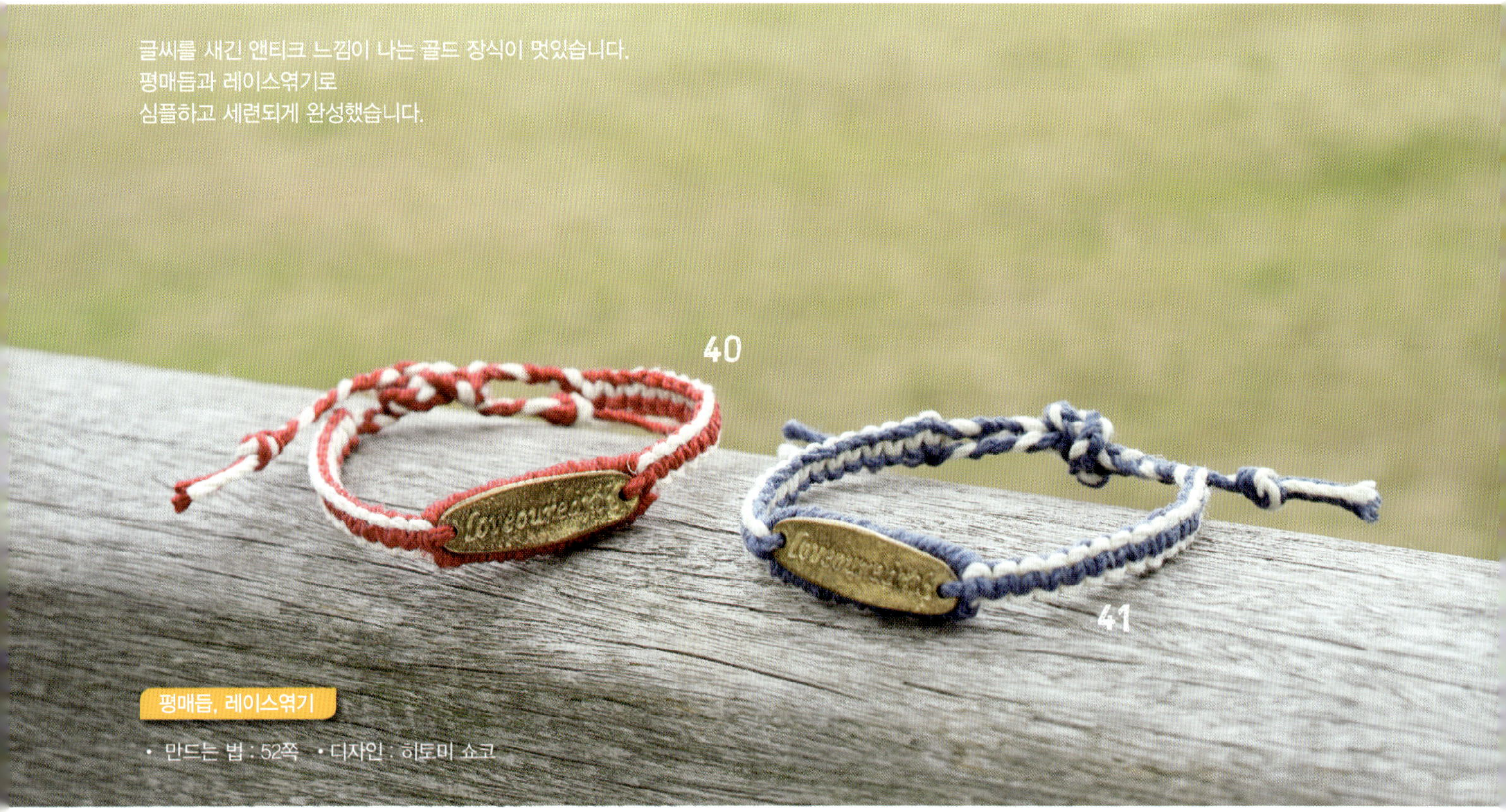

40

41

평매듭, 레이스엮기

• 만드는 법 : 52쪽　• 디자인 : 히토미 쇼코

여름풍 팔찌 37, 38, 39 ▲▲▲▲

45쪽

❶ 매듭끈 A, B를 끝으로 가지런히 놓고 위쪽은 35cm 남기고 ☆부터 좌우엮기 (9쪽 참고) 4cm

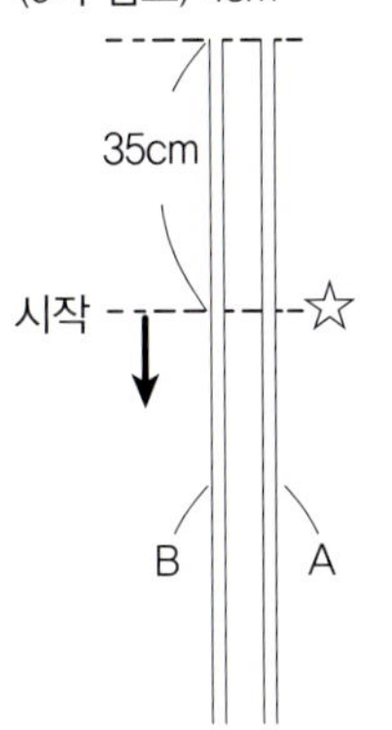

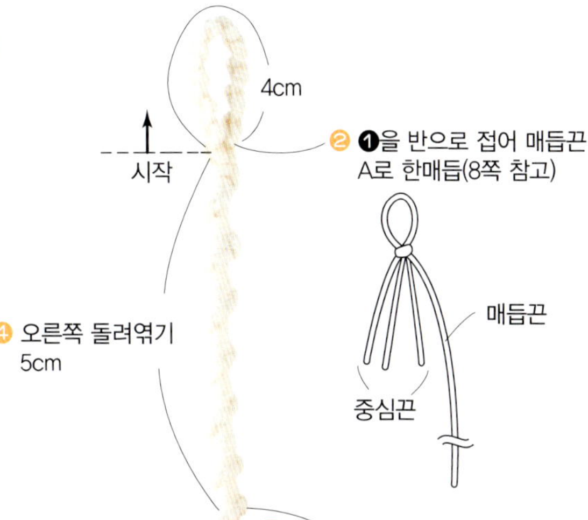

공통 재료
- 햄프 끈
  매듭끈 A White(201) 260cm×1줄
  매듭끈 B White(201) 80cm×1줄
- 루스 고정 부품
  실버 1개

37번 재료
- 파워스톤
  작은 돌 타입 피치 아벤츄린 14개

38번 재료
- 파워스톤
  터키석 14개

39번 재료
- 파워스톤
  작은 돌 타입 뉴제이드 14개

❸의 매듭 묶는 방법

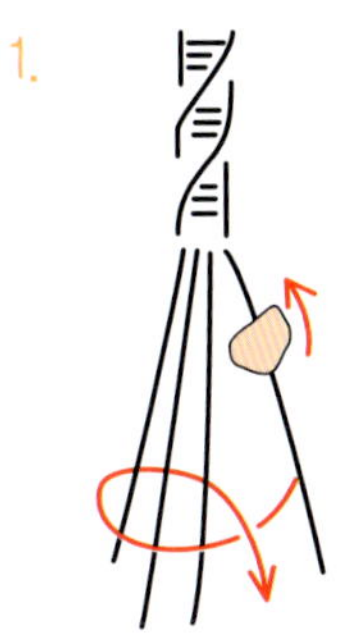
1.

매듭끈에 파워스톤을 끼운다. 그 상태로 매듭끈을 중심끈으로 하고 칭칭 감아서 오른쪽 돌려엮기

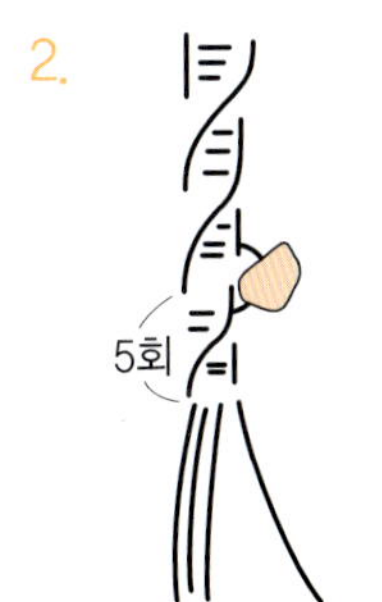
2.

오른쪽 돌려엮기 5회마다 매듭끈에 파워스톤을 끼운다.

커플 팔찌 40, 41 ▲▲▲▲

40번 재료

- **햄프 끈**
  매듭끈 A White(201) 110cm×1줄
  매듭끈 B Red(403) 130cm×1줄
  매듭끈 C Red(403) 110cm×1줄

- **앤티크 골드 장식**
  1개

41번 재료

- **햄프 끈**
  매듭끈 A White(201) 110cm×1줄
  매듭끈 B Indigo blue(504) 130cm×1줄
  매듭끈 C Indigo blue(504) 110cm×1줄

- **앤티크 골드 장식**
  1개

❹의 매듭 묶는 방법

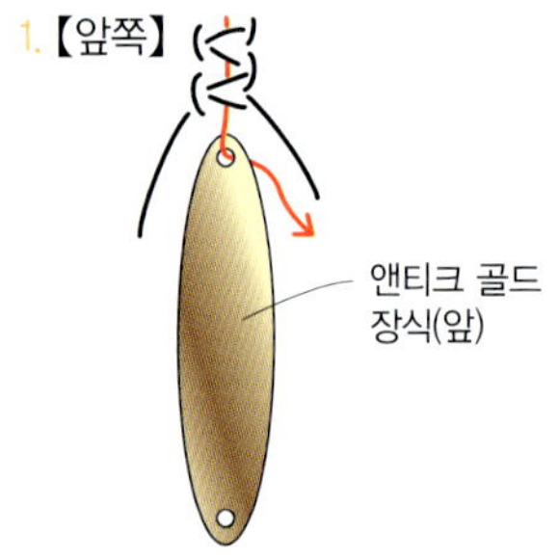

1. 【앞쪽】

가운데 끈(매듭끈 B)에 앤티크 골드 장식을 끼운다.

2. 【뒤쪽】

뒤집어서 오른쪽 끈을 중심끈으로 해서 왼쪽 레이스엮기 1회

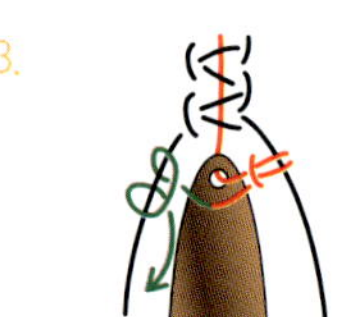

3.
왼쪽 끈을 중심끈으로 하고 **오른쪽** 레이스엮기 1회

4.
2, 3번을 반복한다.

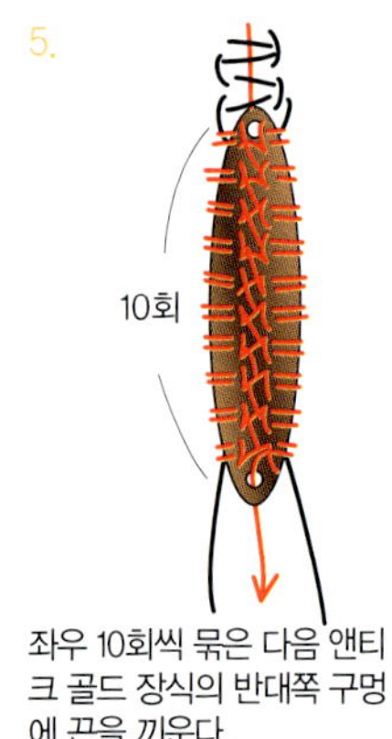

5.

좌우 10회씩 묶은 다음 앤티크 골드 장식의 반대쪽 구멍에 끈을 끼운다.

6. 【앞쪽】

앞으로 돌려서 가운데 끈을 중심끈으로 해서 ❺를 묶는다.

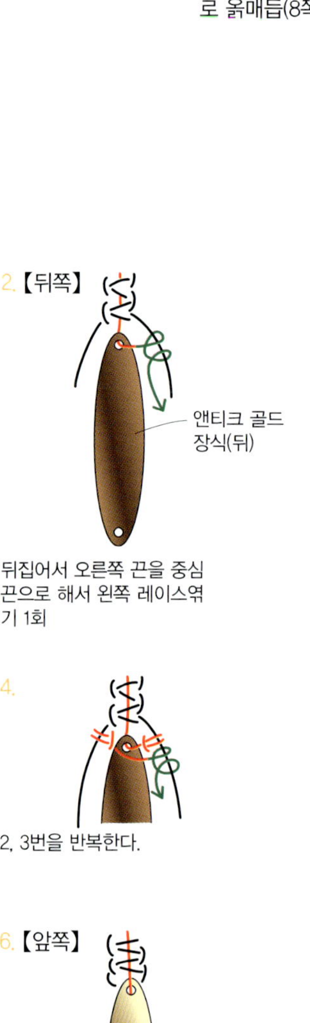

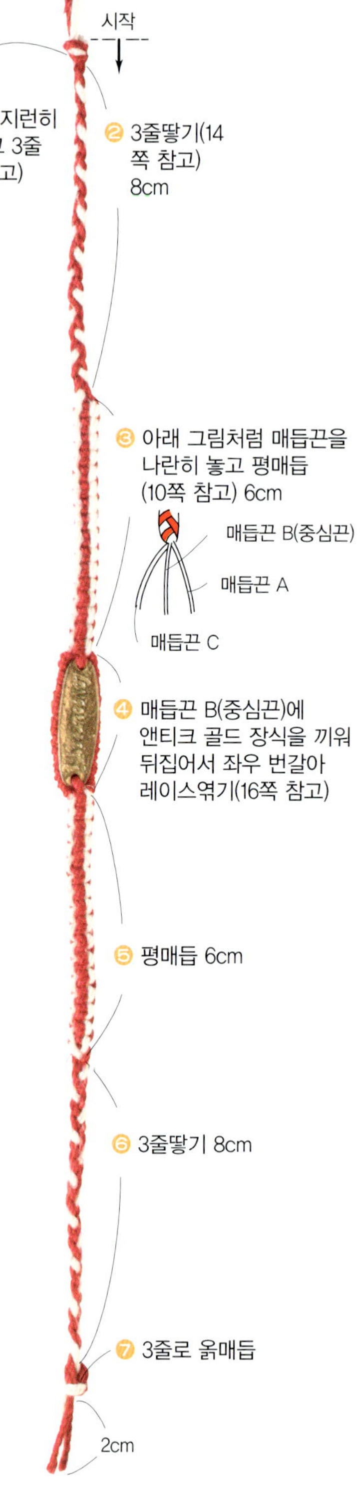

❶ 3줄의 끈 끝을 가지런히 놓고, 2cm 남기고 3줄로 옭매듭(8쪽 참고)

❷ 3줄땋기(14쪽 참고) 8cm

❸ 아래 그림처럼 매듭끈을 나란히 놓고 평매듭 (10쪽 참고) 6cm

❹ 매듭끈 B(중심끈)에 앤티크 골드 장식을 끼워 뒤집어서 좌우 번갈아 레이스엮기(16쪽 참고)

❺ 평매듭 6cm

❻ 3줄땋기 8cm

❼ 3줄로 옭매듭

금속 장식 팔찌 42, 43, 44 ▲▲▲▲

사이즈···손목 둘레 약 20cm

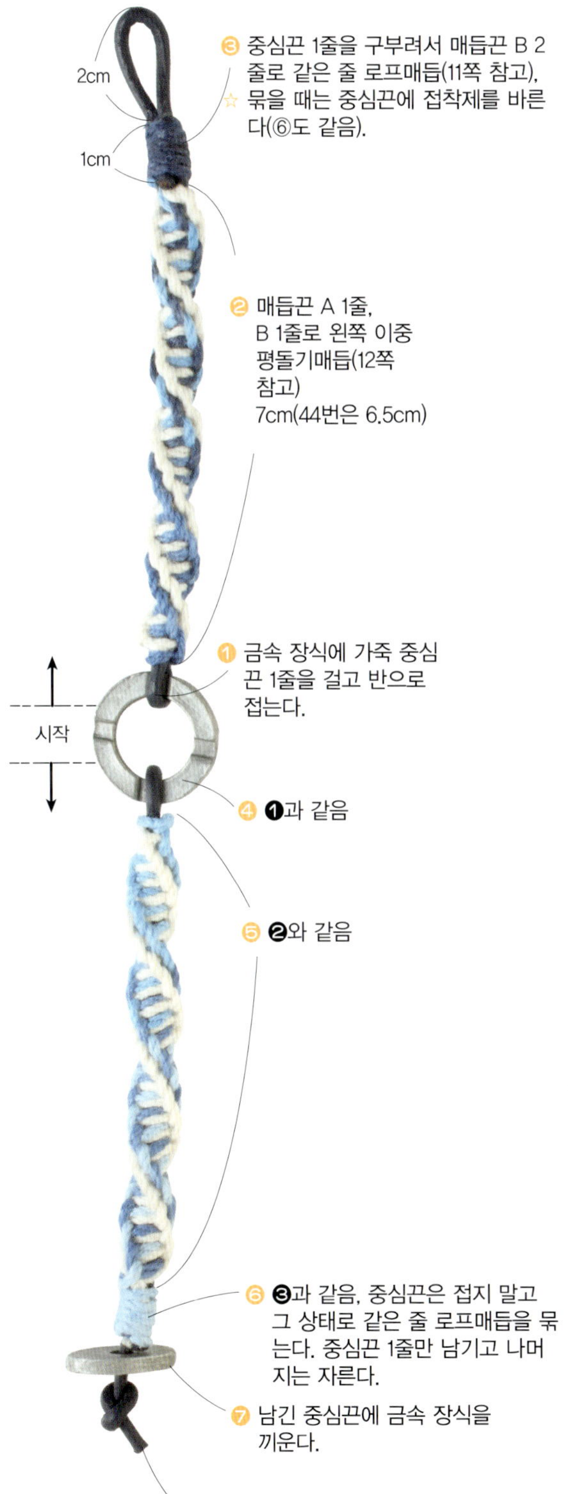

❸ 중심끈 1줄을 구부려서 매듭끈 B 2줄로 같은 줄 로프매듭(11쪽 참고), ☆ 묶을 때는 중심끈에 접착제를 바른다(⑥도 같음).

2cm

1cm

❷ 매듭끈 A 1줄, B 1줄로 왼쪽 이중 평돌기매듭(12쪽 참고) 7cm(44번은 6.5cm)

❶ 금속 장식에 가죽 중심끈 1줄을 걸고 반으로 접는다.

시작

❹ ❶과 같음

❺ ❷와 같음

❻ ❸과 같음, 중심끈은 접지 말고 그 상태로 같은 줄 로프매듭을 묶는다. 중심끈 1줄만 남기고 나머지는 자른다.

❼ 남긴 중심끈에 금속 장식을 끼운다.

❽ 1줄로 옭매듭(8쪽 참고)

42번 재료

- 햄프 끈
  매듭끈 A White(201) 100cm×2줄
  매듭끈 B Indigo blue(504) 100cm×2줄
- 버프 레더(buff leather) 코드 2mm
  중심끈 Dark blue(503) 30cm×2줄
- 금속 장식
  2개

43번 재료

- 햄프 끈
  매듭끈 A White(201) 100cm×2줄
  매듭끈 B Cool gray(202) 100cm×2줄
- 버프 레더 코드 2mm
  중심끈 Black(204) 30cm×2줄
- 금속 장식
  2개

44번 재료

- 햄프 끈
  매듭끈 A Natural(101) 100cm×2줄
  매듭끈 B Camo Mix(306) 100cm×2줄
- 버프 레더 코드 2mm
  중심끈 Forest green(606) 30cm×2줄
- 앤티크 골드 장식
  2개

❸의 매듭 묶는 방법

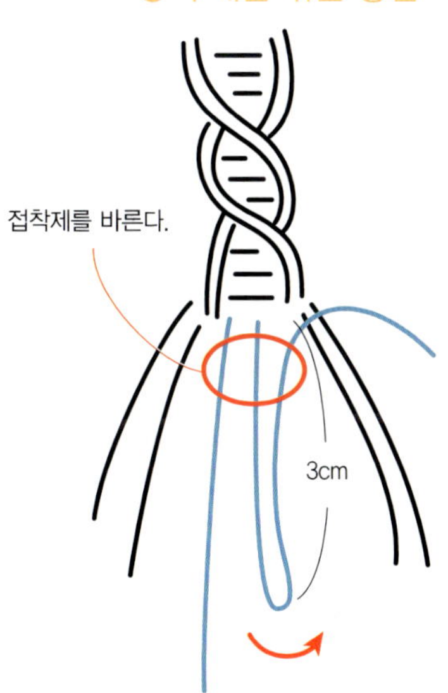

중심끈 1줄을 그림처럼 접은 다음 매듭끈 B 2줄로 같은 줄 로프매듭 1cm

반짝 반짝 쿨 팔찌 45, 46, 47 ▲▲▲▲

사이즈···손목 둘레 약 21cm

45번 재료

• 햄프 끈
매듭끈 A Natural(101) 220cm×2줄
매듭끈 B Green(605) 220cm×2줄

• 브라스 비즈
작은 것 18개, **큰 것** 1개

46번 재료

• 햄프 끈
매듭끈 A Green(605) 220cm×2줄
매듭끈 B Brown(802) 220cm×2줄

• 브라스 비즈
작은 것 18개, **큰 것** 1개

47번 재료

• 햄프 끈
매듭끈 A Brown(802) 220cm×2줄
매듭끈 B Black(204) 220cm×2줄

• 브라스 비즈
작은 것 18개, **큰 것** 1개

❸의 매듭끈 배치 방법

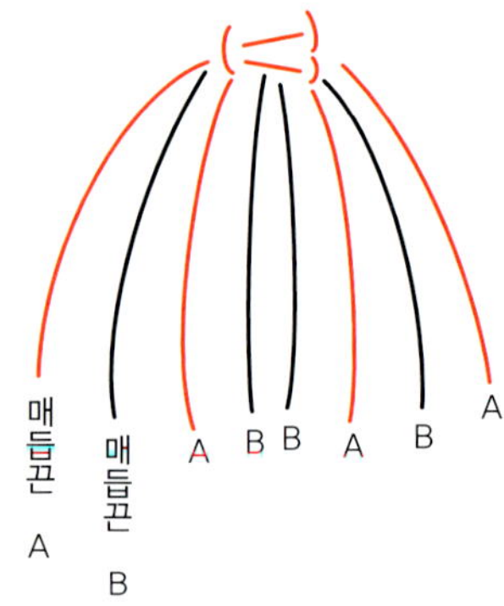

❸의 매듭 묶는 방법

07

소녀풍 목걸이 GIRLISH NECKALACE

- 만드는 법 : 60쪽(사진으로 만드는 과정 설명)
- 디자인 : tama5

큰 카보숑을 프레임 안에 넣은
자연스런 느낌의 예쁜 목걸이,
좋아하는 파워스톤으로 만들어 보세요.

코코넛 조각을 장식한 4줄땋기로 만든 긴 목걸이.
편한 차림에 살짝 걸치거나
2줄로 겹쳐서 짧게 연출해도 좋습니다.

50
51

4줄땋기

· 만드는 법 : 64쪽
· 디자인 : marchen-art studio

평매듭 사이에 로드나이트와 수정을 넣은 초커와
팔찌 세트는 여자에게 딱 어울리는 액세서리

52

53

평매듭

- 만드는 법 : 65쪽
- 디자인 : marchen-art studio

깃털이 하늘하늘 흔들거리는
동양적인 분위기가 나는 목걸이와 귀걸이
페스티벌이나 콘서트처럼 활동적인 모임에 잘 어울려요.

54

55

54 3줄땋기, 로프매듭

55 3줄땋기, 비틀어 묶기, 로프매듭, 4줄땋기

• 만드는 법 : 54/66쪽, 55/67쪽
• 디자인 : marico

56 쪽 프레임 목걸이 48, 49 ▲▲▲▲

사이즈…목 둘레 약 48cm

48번 재료

• 햄프 끈

매듭끈 A White(201) 250cm×2줄
매듭끈 B White(201) 150cm×2줄
매듭끈 C Light pink(401) 50cm×2줄

• 파워스톤

카보숑 타입 로즈쿼츠 1개

49번 재료

• 햄프 끈

매듭끈 A Natural(101) 250cm×2줄
매듭끈 B Natural(101) 150cm×2줄
매듭끈 C Indigo blue(504) 50cm×2줄

• 파워스톤

카보숑 타입 소다라이트 1개

❸의 끈 배치 방법

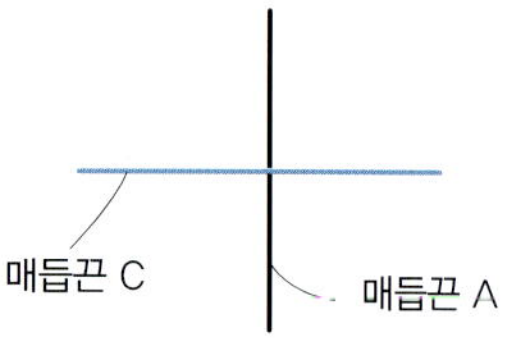
매듭끈 C
매듭끈 A

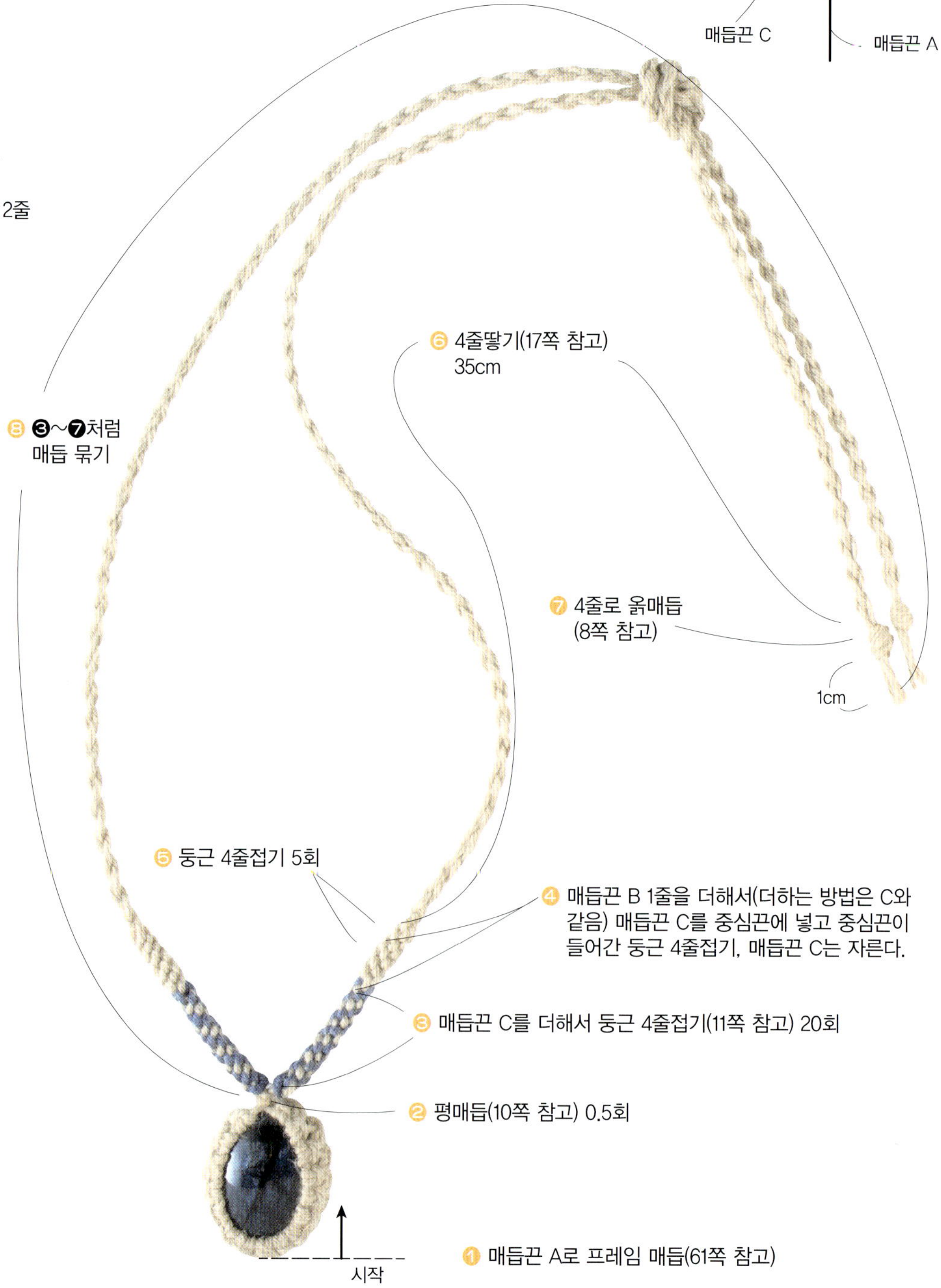
❽ ❸~❼처럼 매듭 묶기
❻ 4줄땋기(17쪽 참고) 35cm
❼ 4줄로 옭매듭 (8쪽 참고)
1cm
❺ 둥근 4줄접기 5회
❹ 매듭끈 B 1줄을 더해서(더하는 방법은 C와 같음) 매듭끈 C를 중심끈에 넣고 중심끈이 들어간 둥근 4줄접기, 매듭끈 C는 자른다.
❸ 매듭끈 C를 더해서 둥근 4줄접기(11쪽 참고) 20회
❷ 평매듭(10쪽 참고) 0.5회
시작
❶ 매듭끈 A로 프레임 매듭(61쪽 참고)

66쪽 코일 감기

1.

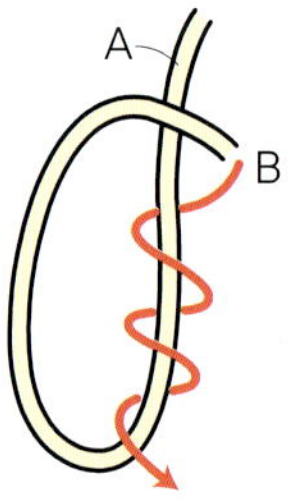
A
B

그림처럼 고리를 만들어서 A에 B를 3회 감습니다.

2.

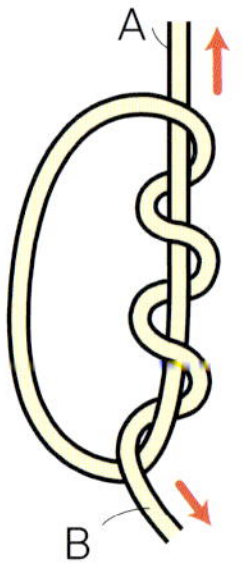
A
B

A와 B를 위아래로 잡아당깁니다.

3.

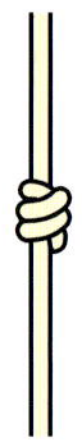

완성입니다. 감은 횟수에 따라 매듭 길이가 변합니다.

프레임 매듭 48, 49 ▲▲▲▲

프레임 매듭을 배워 봅시다.

48번 재료

- **햄프 끈**
  매듭끈 A White(201) 250cm×2줄
  매듭끈 B White(201) 150cm×2줄
  매듭끈 C Light Pink(401) 50cm×2줄
- **파워스톤**
  카보숑 타입 로즈쿼츠 1개

49번 재료

- **햄프 끈**
  매듭끈 A Natural(101) 250cm×2줄
  매듭끈 B Natural(101) 150cm×2줄
  매듭끈 C Indigo blue(504) 50cm×2줄
- **파워스톤**
  카보숑 타입 소다라이트 1개

★ 6쪽의 도구와 제본바늘을 따로 준비합니다.

• 이해하기 쉽도록 끈의 색과 종류를 바꿨습니다.

1

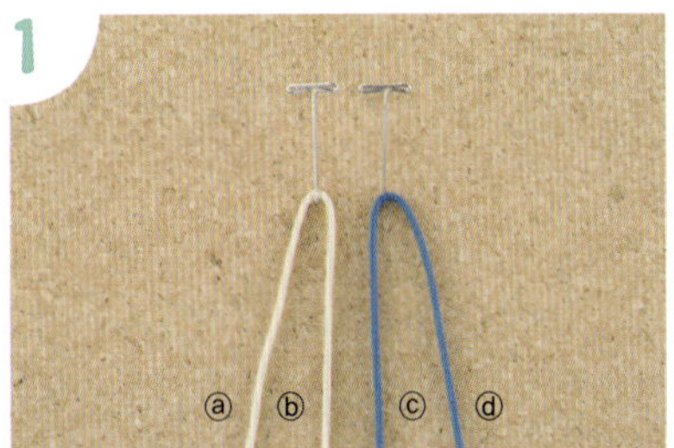

매듭끈 A(250cm) 2줄을 각각 ⓐ와 ⓓ는 100cm, ⓑ와 ⓒ는 150cm가 되도록 접어서 ⓐ와 ⓓ가 바깥쪽에 오도록 놓고 핀으로 고정합니다.

2

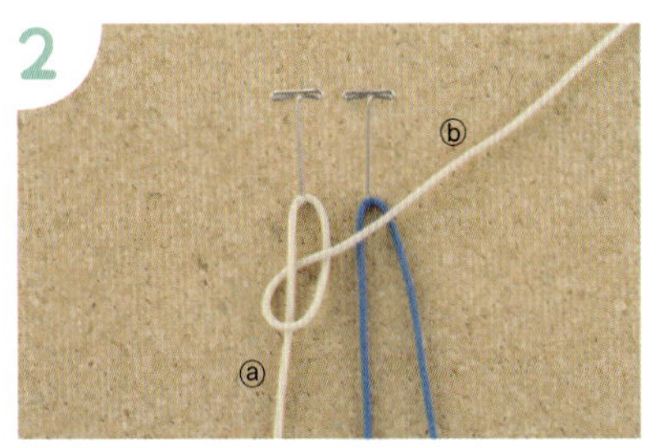

ⓐ와 ⓑ로 오른쪽 레이스엮기(16쪽 참고)를 묶습니다. ⓐ를 중심끈으로 해서 그림처럼 ⓑ를 ⓐ에 한 바퀴 감아서 뺍니다.

3

잡아당겨서 단단히 조입니다.

4

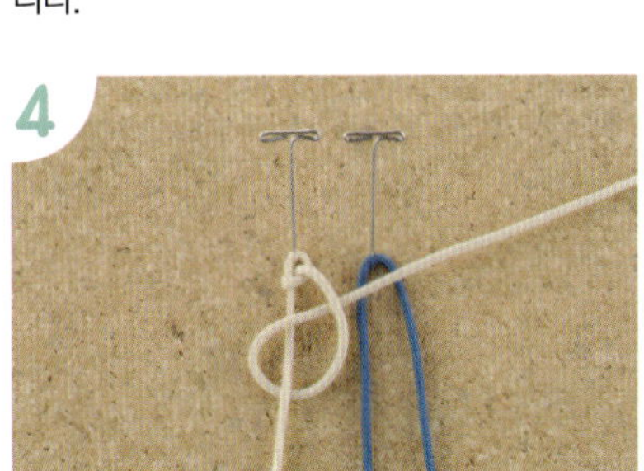

계속해서 ⓐ를 중심끈으로 해서 ⓑ를 ⓐ의 아래에서 위로 통과시켜 단단히 조입니다. 오른쪽 레이스엮기가 1회 완성되었습니다.

5

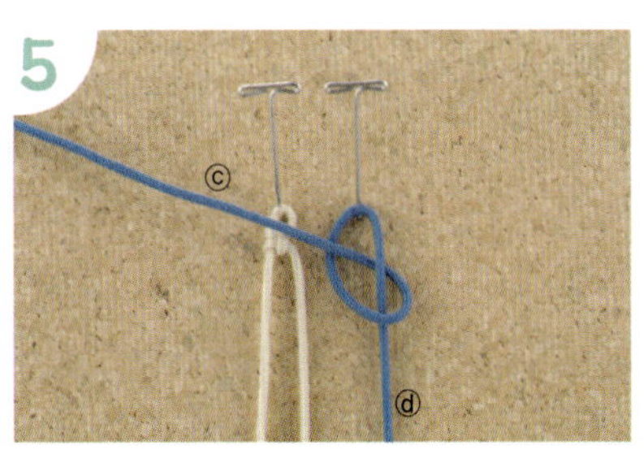

ⓒ와 ⓓ로 왼쪽 레이스엮기(16쪽 참고)를 묶습니다. ⓓ를 중심끈으로 해서 ⓒ를 ⓓ의 위에서 아래로 통과시킵니다.

6

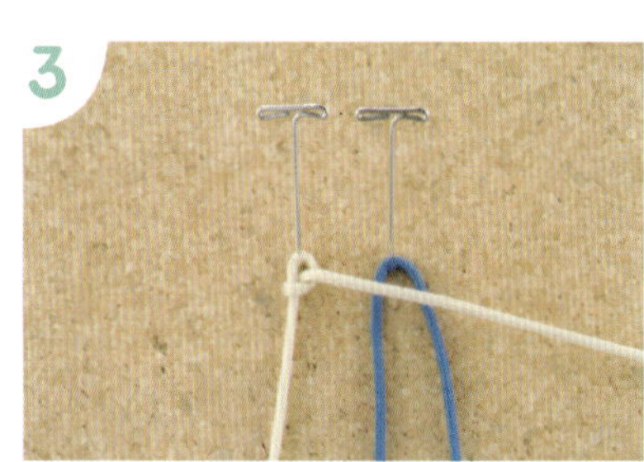
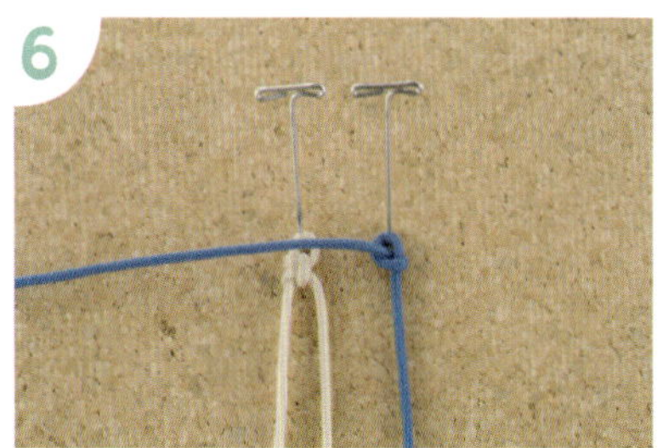

잡아당겨서 단단히 조입니다.

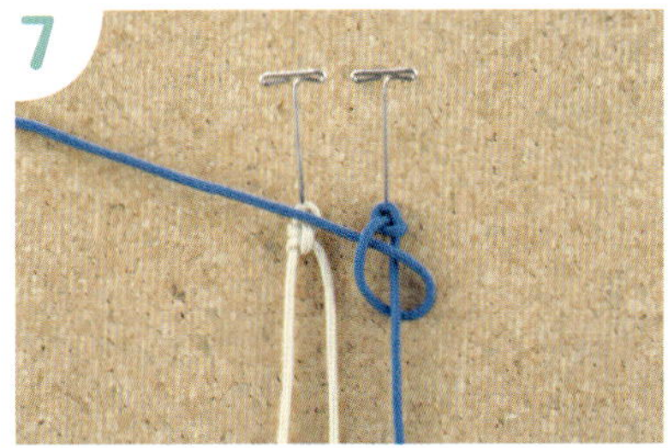

7 계속해서 ⓓ를 중심끈으로 해서 ⓒ를 ⓓ의 아래에서 위로 통과시켜 단단히 조입니다. 왼쪽 레이스엮기가 1회 완성되었습니다.

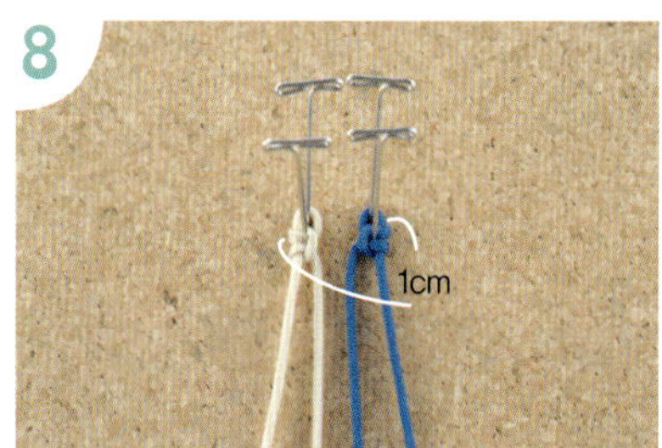

8 핀을 한 번 빼서 좌우의 매듭 폭이 1cm가 되도록 정리하고 다시 핀을 꽂습니다. 레이스엮기 위에도 각각 핀을 꽂습니다.

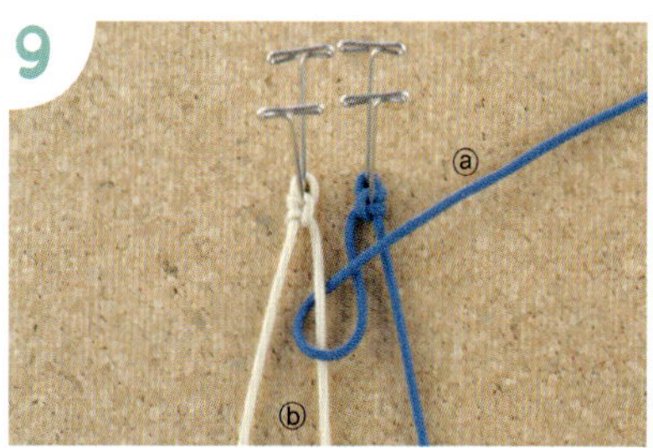

9 ⓑ와 ⓒ로 좌우엮기(9쪽 참고)를 묶습니다. ⓑ를 중심끈으로 하고 ⓒ를 ⓑ의 위에서 아래로 통과시킵니다.

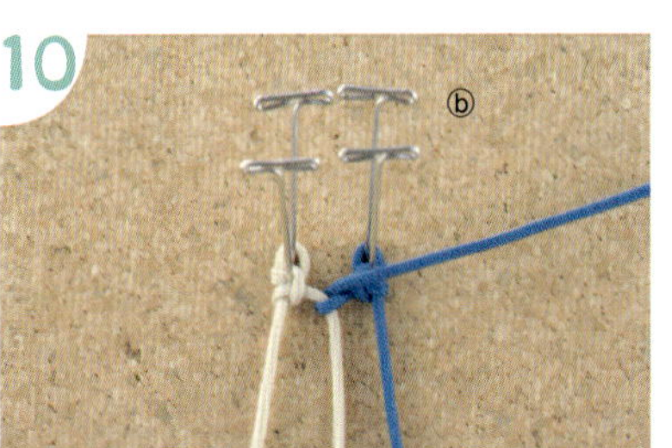

10 단단히 당겨서 조입니다.

11 계속해서 ⓒ를 중심끈으로 하고 ⓑ를 ⓒ의 위에서 아래로 통과시킵니다.

12 단단히 조이면 좌우엮기가 1회 완성됩니다. 왼쪽 레이스엮기, 오른쪽 레이스엮기, 좌우엮기를 1회씩 한 것을 1단이라고 합니다.

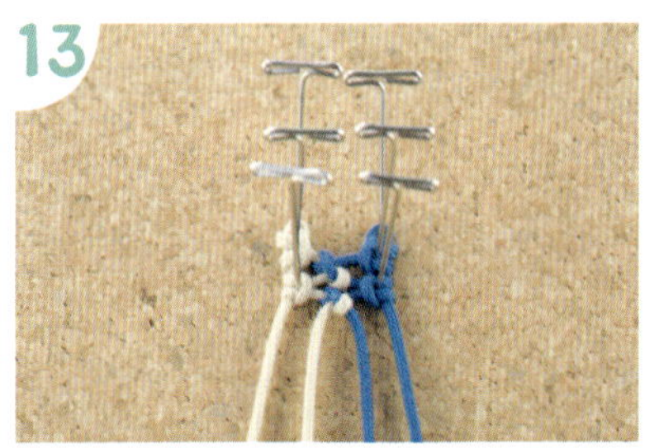

13 2~12를 반복합니다(8은 제외). 사진은 2단이 완성된 모습입니다. 1단이 완성될 때마다 매듭의 폭을 가지런히 하면서 핀을 다시 꽂으면 매듭을 예쁘게 묶을 수 있습니다.

14 파워스톤의 주위와 같은 길이(약7cm=16단 정도)가 될 때까지 매듭을 묶습니다. 매듭을 묶는 횟수는 당겨서 조이는 것에 따라 달라집니다.

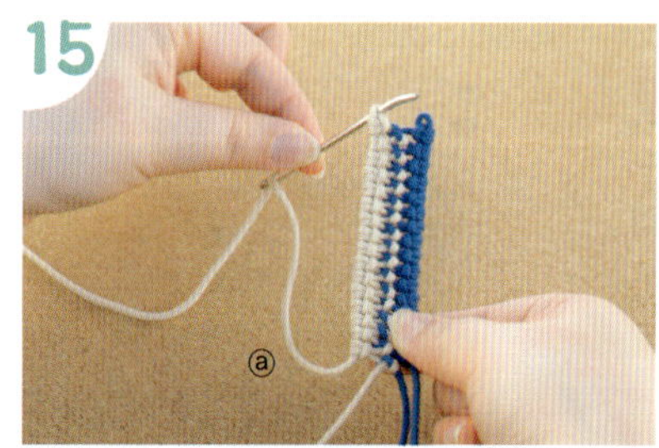

15 핀을 빼고, 제본바늘에 ⓐ를 끼웁니다. 매듭을 묶기 시작한 왼쪽의 고리에 제본바늘을 끼워 넣고 끈을 제본바늘에서 뺍니다.

16 같은 방법으로 제본바늘에 ⓓ를 끼웁니다. 매듭을 묶기 시작한 오른쪽의 고리에 제본바늘을 끼워 넣습니다. 사진은 끈을 제본바늘에서 뺀 모습입니다.

17 ⓐ와 ⓓ를 가볍게 당겨서 동그랗게 만듭니다.

18 파워스톤을 안쪽에 넣고, 제자리에 잘 들어갈 수 있도록 ⓐ와 ⓓ의 줄을 팽팽하게 잡아당깁니다.

19

팽팽하게 잡아당긴 모습입니다. 프레임 매듭이 완성되었습니다. 목 둘레를 묶기 위해서 끈이 아래쪽을 향하게 합니다.

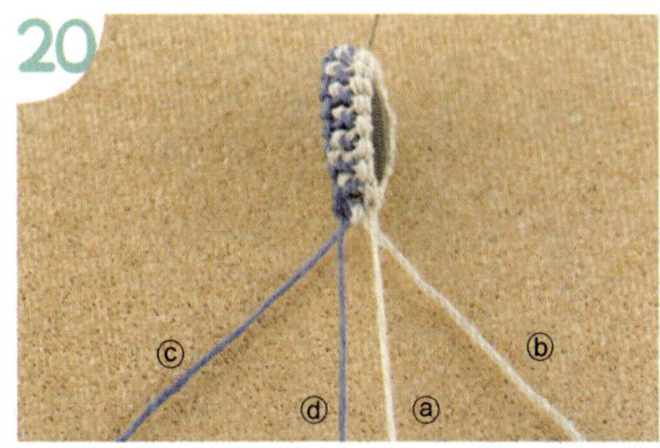

20

파워스톤의 정면이 오른쪽을 향하게 놓습니다. ⓑ와 ⓒ의 줄을 각각 양쪽 끝에 오게 놓고 ⓐ와 ⓓ의 줄을 가운데에 놓습니다.

21

왼쪽 평매듭(10쪽 참고)을 0.5회 묶습니다.

22

ⓐ와 ⓑ의 줄을 중심끈으로 하고 매듭끈 C 1줄을 추가합니다(10쪽의 '평매듭으로 매듭끈 추가하는 방법' 참고).

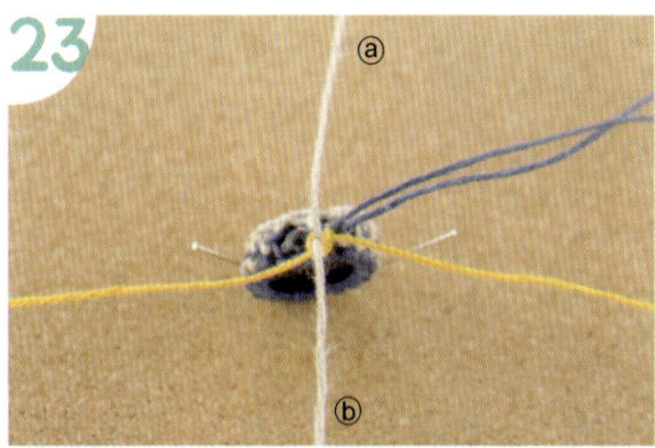

23

덧댄 끈의 매듭을 단단히 죄어서 파워스톤 쪽으로 끌어올려 사진처럼 ⓐ와 ⓓ의 줄과 매듭끈 C를 십자모양으로 배치합니다.

24

4줄로 둥근 4줄접기(11쪽 참고)를 묶습니다. 이후에는 60쪽의 만드는 설명 ❸부터 따라서 만듭니다.

코코넛 조각 목걸이 50, 51 ▲▲▲▲

50번 재료

- 햄프 끈
  Khaki(603) 350cm×2줄
- 코코넛 조각
  브라운 5봉지
- 고정 부품
  코코넛 토글 브라운 1세트

51번 재료

- 햄프 끈
  Orange(703) 350cm×2줄
- 코코넛 조각
  내추럴 5봉지
- 고정 부품
  코코넛 토글 내추럴 1세트

❶ 끈 1줄 중앙에 코코넛 토글을 끼워서 반으로 접는다.

시작

❷ 한매듭(8쪽 참고)

❸ 다른 끈 1줄을 추가한다 (10쪽의 '평매듭으로 매 듭끈을 추가하는 방법' 참고).

1cm

❺ 끈을 코코넛 토 글의 고리 부분 에 끼워 같은 줄 로프매듭(11쪽 참고), 끈의 끝은 전부 자른다.

❹ 코코넛 조각을 끼우며 4줄 땋기(17쪽 참고) 120cm

D 줄에 미리 코코넛 조각 을 1봉지 정도씩 끼우고 D 를 묶을 때 코코넛 조각을 1개씩 넣어서 엮으면 일정 한 방향에 코코넛 조각이 들어간다.

코코넛 조각이 떨어지지 않도록 끝을 묶는다.

58쪽

목걸이 팔찌 세트 52, 53

사이즈…52번 목 둘레 약 40cm, 53번 손목 둘레 약 17cm

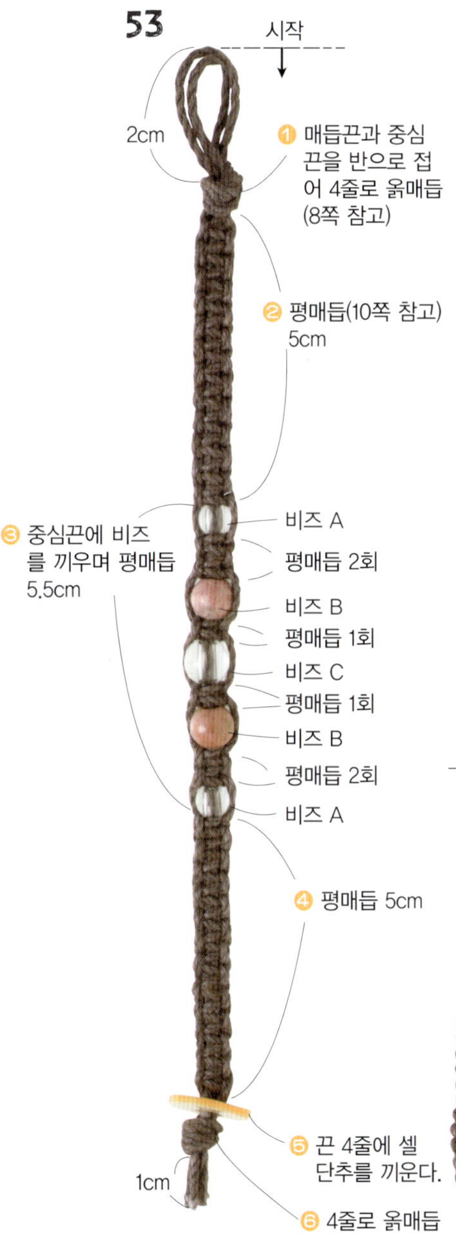
53
시작
2cm
❶ 매듭끈과 중심 끈을 반으로 접어 4줄로 옭매듭 (8쪽 참고)
❷ 평매듭(10쪽 참고) 5cm
❸ 중심끈에 비즈를 끼우며 평매듭 5.5cm
비즈 A
평매듭 2회
비즈 B
평매듭 1회
비즈 C
평매듭 1회
비즈 B
평매듭 2회
비즈 A
❹ 평매듭 5cm
❺ 끈 4줄에 셀 단추를 끼운다.
❻ 4줄로 옭매듭
1cm

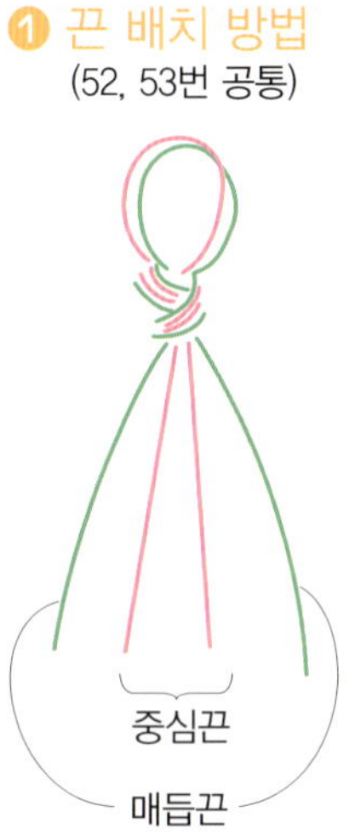
❶ 끈 배치 방법
(52, 53번 공통)
중심끈
매듭끈

52번 재료

- 햄프 끈

매듭끈 Dark gray(203) 330cm×1줄
중심끈 Dark gray(203) 130cm×1줄

- 파워스톤

비즈 A 둥근 구슬 6mm 수정 6개
비즈 B 둥근 구슬 6mm 로드나이트 4개
비즈 C 둥근 구슬 8mm 수정 2개
비즈 D 둥근 구슬 8mm 로드나이트 3개

- 알마레

셀 단추 1개

53번 재료

- 햄프 끈

매듭끈 Dark gray(203) 170cm×1줄
중심끈 Dark gray(203) 70cm×1줄

- 파워스톤

비즈 A 둥근 구슬 6mm 수정 2개
비즈 B 둥근 구슬 8mm 로드나이트 2개
비즈 C 둥근 구슬 8mm 수정 1개

- 알마레

셀 단추 1개

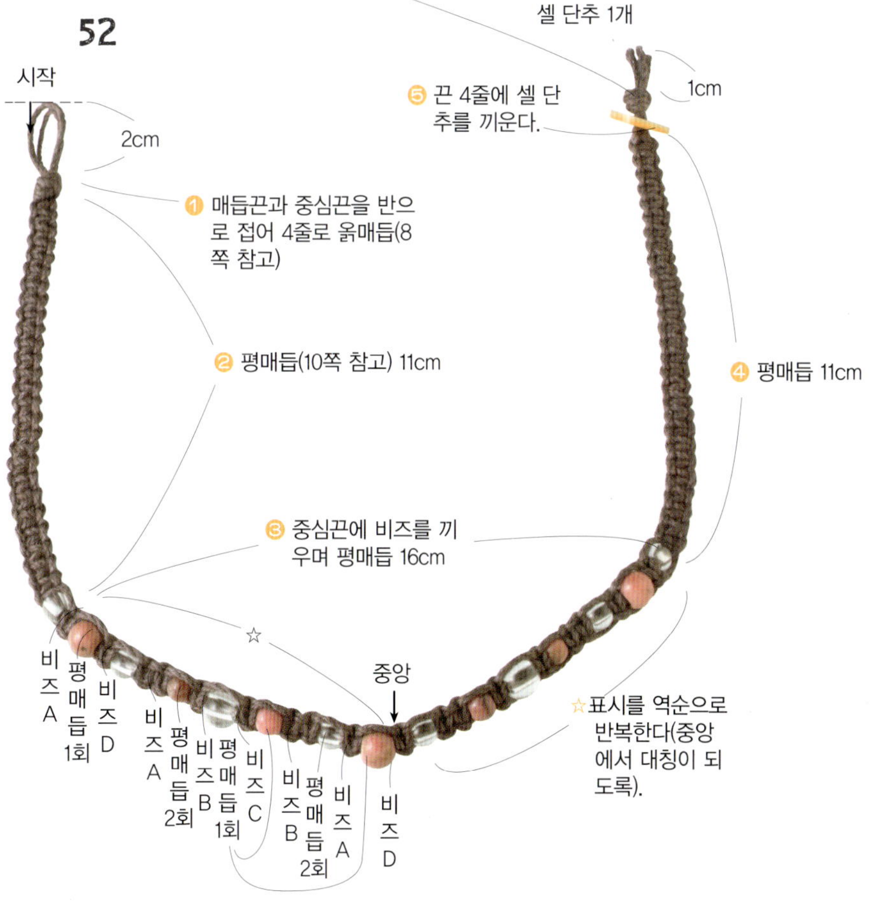
52
시작
2cm
❶ 매듭끈과 중심끈을 반으로 접어 4줄로 옭매듭(8쪽 참고)
❷ 평매듭(10쪽 참고) 11cm
❸ 중심끈에 비즈를 끼우며 평매듭 16cm
비즈 A
평매듭 1회
비즈 D
비즈 A
평매듭 2회
비즈 B
평매듭 1회
비즈 C
비즈 B
평매듭 2회
비즈 A
비즈 D
☆
중앙
☆표시를 역순으로 반복한다(중앙에서 대칭이 되도록).
❹ 평매듭 11cm
❺ 끈 4줄에 셀 단추를 끼운다.
❻ 4줄로 옭매듭
1cm

59 쪽

깃털 귀걸이 54

사이즈…약 11cm(금속 부품 제외)

재료

- 햄프 끈
  매듭끈 A Light pink(401) 20cm×6줄
  매듭끈 B Light yellow(704) 20cm×6줄
  매듭끈 C Light blue(501) 30cm×4줄
- 내추럴 우드 비즈
  둥근 구슬 6mm 레드우드 8개
- 컬러풀 우드 비즈
  둥근 구슬 5mm 블루 계열 8개
- 내추럴 장식
  깃털 2개
- 금속 부품
  오링 2개
  귀걸이 후크 1세트

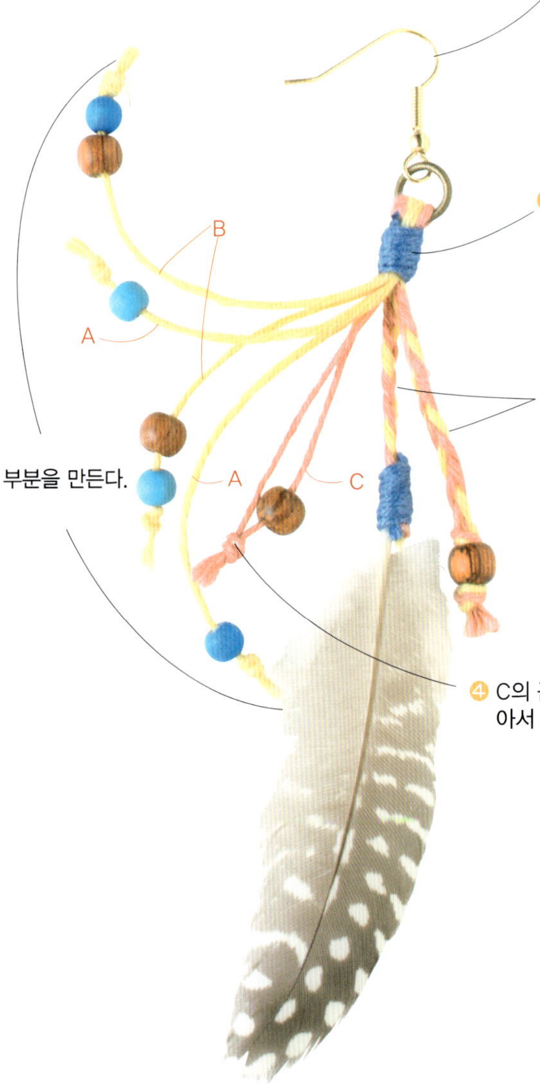

❺ 귀걸이 후크를 단다.
❸ ❶과 ❷의 A, B, C를 오링에 끼워 매듭끈 C로 로프매듭 7mm
B
A
❶ 3줄땋기(14쪽 참고)로 만든다.
❷ 다른 부분을 만든다.
A
C
❹ C의 끈 2줄을 모아서 코일 감기

❷를 만드는 방법

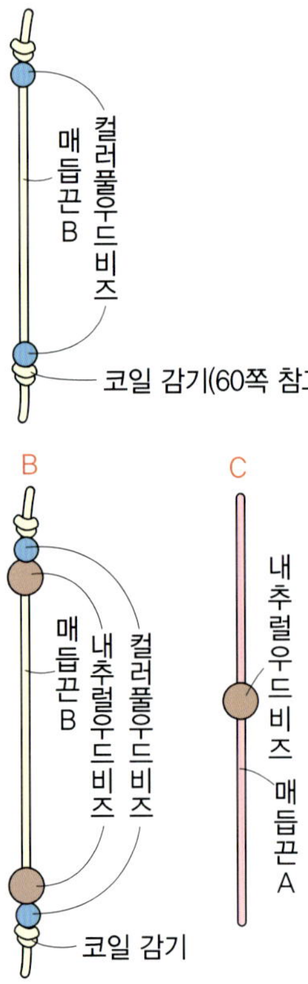

A
매듭끈B
컬러풀우드비즈
코일 감기(60쪽 참고)
B
매듭끈B
내추럴우드비즈
컬러풀우드비즈
코일 감기
C
내추럴우드비즈
매듭끈A

❶을 만드는 방법

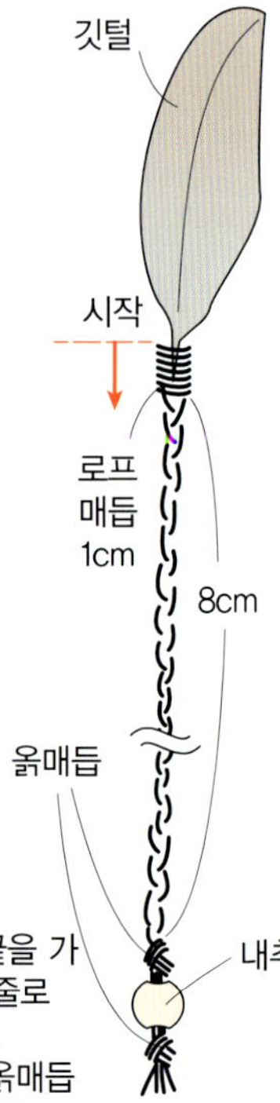

깃털
시작
로프매듭 1cm
8cm
옭매듭
내추럴 우드 비즈

매듭끈 A 2줄, 매듭끈 B 1줄을 끝을 가지런히 모아서 묶고, 매듭끈 C 1줄로 깃털도 같이 로프매듭(9쪽 참고). 계속해서 3줄땋기를 8cm 땋고 옭매듭 끈 3줄에 내추럴 우드 비즈를 끼우고 옭매듭(67쪽 ❶–3 참고).

깃털 목걸이 55 ▲▲▲▲

재료

- **햄프 끈**

  매듭끈 A Light pink(401) 40cm×1줄
  매듭끈 B Light pink(401) 30cm×2줄
  매듭끈 C Light yellow(704) 40cm×2줄
  매듭끈 D Light yellow(704) 30cm×1줄
  매듭끈 E Light blue(501) 30cm×2줄
  매듭끈 F Light yellow(704) 100cm×2줄
  매듭끈 G Light pink(401) 100cm×2줄
  매듭끈 H Light blue(501) 30cm×4줄
  매듭끈 I Light blue(501) 100cm×2줄
  매듭끈 T Natural(101) 150cm×4줄

- **내추럴 우드 비즈**

  펜던트 레드우드 1개
  둥근 구슬 6mm 레드우드 2개
  디스크 15mm×4mm 레드우드 1개

- **컬러풀 우드 비즈**

  둥근 구슬 5mm 블루 계열 9개

- **내추럴 장식**

  깃털 1개

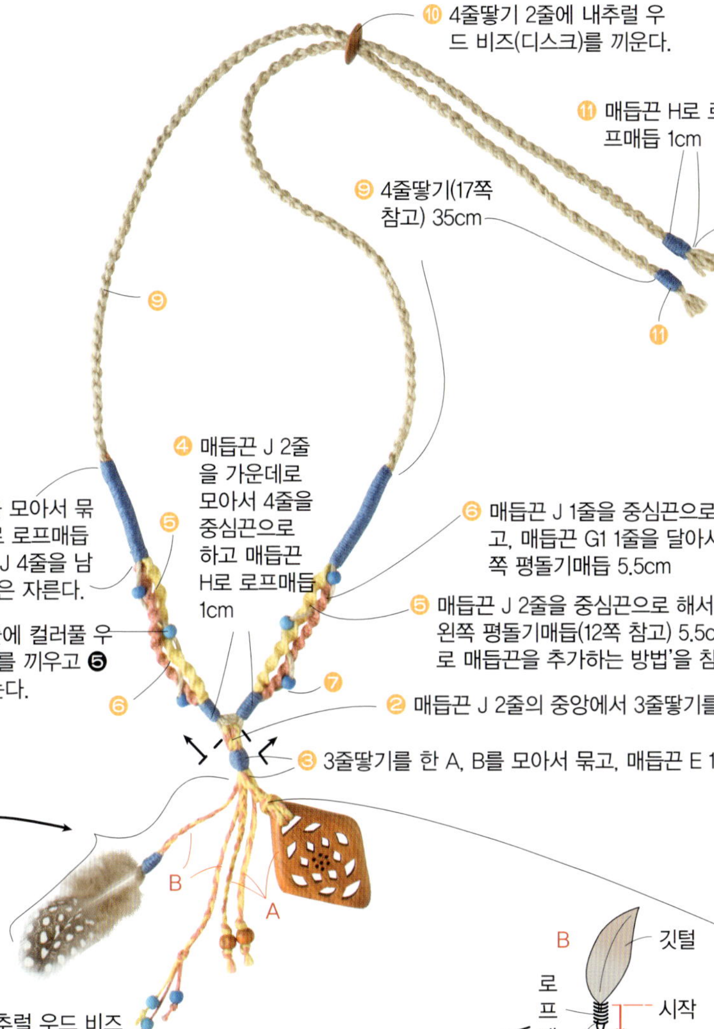

⑩ 4줄땋기 2줄에 내추럴 우드 비즈(디스크)를 끼운다.

⑪ 매듭끈 H로 로프매듭 1cm

⑨ 4줄땋기(17쪽 참고) 35cm

1cm

⑨

⑪

④ 매듭끈 J 2줄을 가운데로 모아서 4줄을 중심끈으로 하고 매듭끈 H로 로프매듭 1cm

⑧ J, F, G 6줄을 모아서 묶고, 매듭끈 I로 로프매듭 4cm. 매듭끈 J 4줄을 남기고 다른 것은 자른다.

⑥ 매듭끈 J 1줄을 중심끈으로 하고, 매듭끈 G1 1줄을 달아서 왼쪽 평돌기매듭 5.5cm

⑦ 매듭끈 J 1줄에 컬러풀 우드 비즈 3개를 끼우고 ❺와 ❻에 감는다.

⑤ 매듭끈 J 2줄을 중심끈으로 해서, 매듭끈 F 1을 달고 왼쪽 평돌기매듭(12쪽 참고) 5.5cm(10쪽 '평매듭으로 매듭끈을 추가하는 방법'을 참고)

⑥

⑦

② 매듭끈 J 2줄의 중앙에서 3줄땋기를 한 A·B를 거는 것처럼 단다.

중앙

매듭끈 J

3줄땋기 A

3줄땋기 B

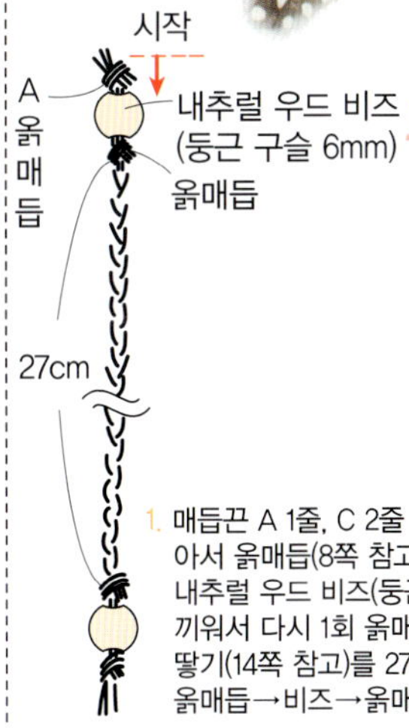

③ 3줄땋기를 한 A, B를 모아서 묶고, 매듭끈 E 1줄로 로프매듭 1cm

① 펜던트 부분은 3줄땋기를 한다.

B

A

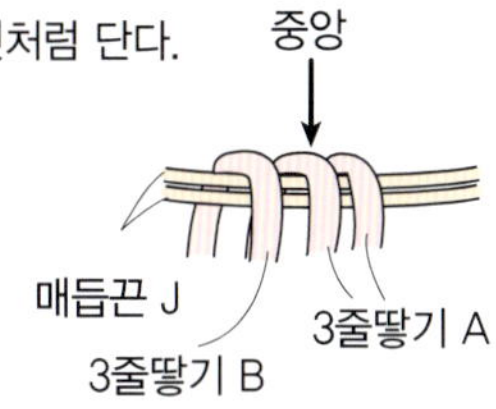

시작

A

옭매듭

내추럴 우드 비즈 (둥근 구슬 6mm)

옭매듭

27cm

1. 매듭끈 A 1줄, C 2줄 끝을 가지런히 모아서 옭매듭(8쪽 참고).
   내추럴 우드 비즈(둥근 구슬 6mm)를 끼워서 다시 1회 옭매듭을 묶고 3줄땋기(14쪽 참고)를 27cm 한다. 그 다음 옭매듭→비즈→옭매듭 순서로 묶는다.

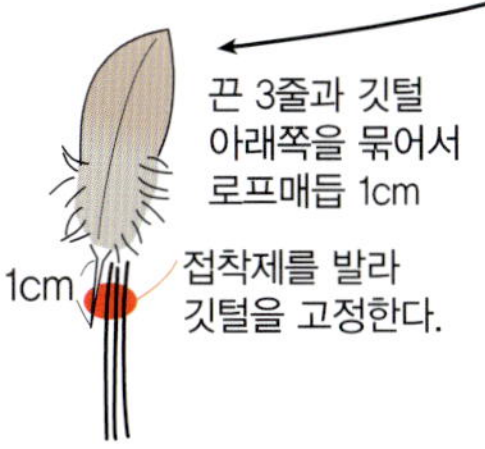

B

깃털

로프매듭

시작

끈 3줄과 깃털 아래쪽을 묶어서 로프매듭 1cm

1cm

접착제를 발라 깃털을 고정한다.

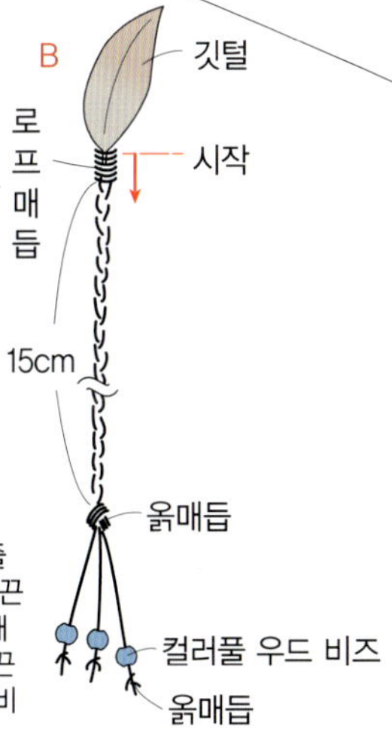

15cm

옭매듭

컬러풀 우드 비즈

옭매듭

3. 매듭끈 B 2줄, 매듭끈 D 1줄 끝을 가지런히 모아서 매듭끈 E 1줄로 깃털도 같이 로프매듭. 15cm 땋은 후 옭매듭. 끈 1줄씩에 각각 컬러풀 우드 비즈를 1개씩 끼우고 옭매듭.

2. 3줄땋기를 한 A를 반으로 접어 펜던트에 단다.

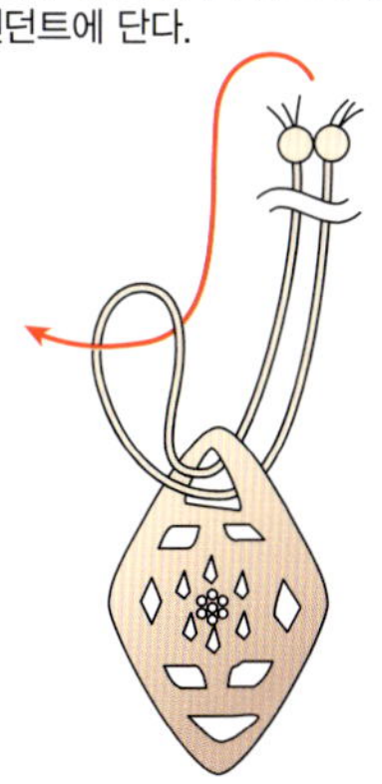

08

쿨 목걸이 COOL NECKLACE

56

58

가장자리가 돋보이는 독특한 디테일이 멋진 목걸이와 발찌
행운을 상징하는 올빼미 펜던트를 포인트로!

• 만드는 법 : 56/72쪽, 58/74쪽
• 디자인 : tama5

57

57 뒷면 레이스엮기 (응용),
이중 평돌기매듭, 3줄땋기,
로프매듭

• 만드는 법 : 73쪽
• 디자인 : 히토미 쇼코

69

카메라 스트랩 CAMERA STRAP

재활용 실크 털실에
햄프를 돌돌 감아서 만든 스트랩
고르지 않은 색상이나 질감으로 인기 있는 디자인이에요.

61

• 만드는 법 : 76쪽
• 디자인 : marchen-art studio

레이스엮기를 이용하여 만든
디자인이 돋보이는 스트랩
고리 부분에 손을 끼워서 들고 다닐 수 있어 더 좋아요!

62

• 만드는 법 : 77쪽
• 디자인 : marico

올빼미 목걸이 56 ▲▲▲▲

재료

• 햄프 끈
매듭끈 A Orange(703) 250cm×1줄
매듭끈 B Red brown(803) 250cm×1줄
매듭끈 C Indigo blue(504) 250cm×1줄
매듭끈 D Green(605) 250cm×1줄
• 코코넛 부속품
1개
• 올빼미 펜던트
1개

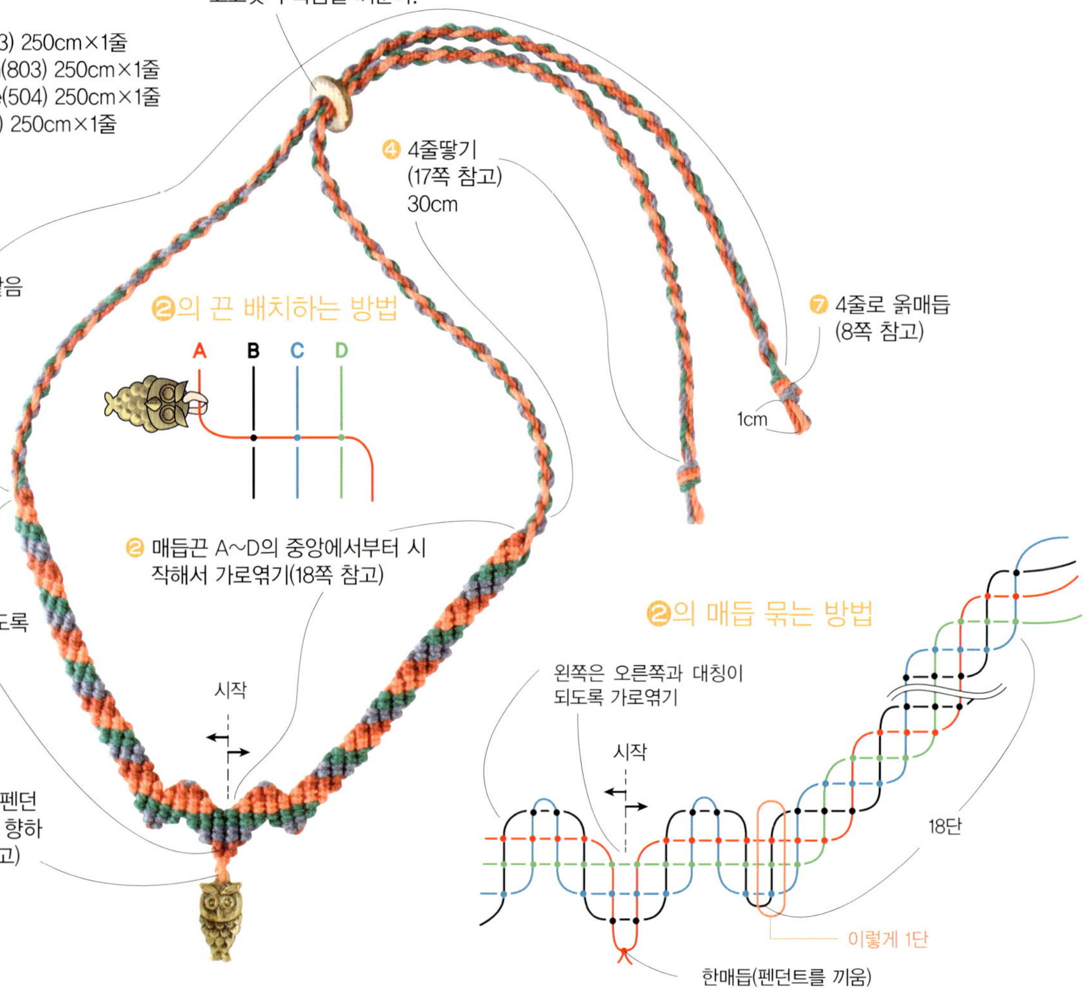

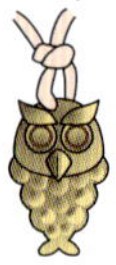

❻ 4줄땋기를 한 끈 2줄에
코코넛 부속품을 끼운다.

❺ ❹와 같음

❹ 4줄땋기
(17쪽 참고)
30cm

❼ 4줄로 옭매듭
(8쪽 참고)

1cm

❷의 끈 배치하는 방법

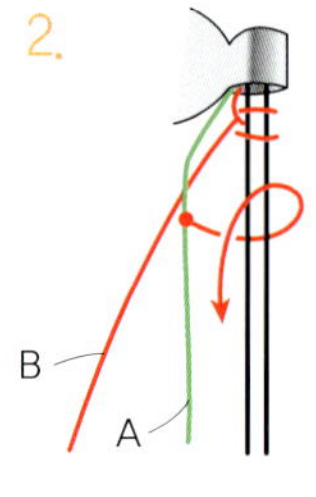

❷ 매듭끈 A~D의 중앙에서부터 시
작해서 가로엮기(18쪽 참고)

시작

❸ ❷와 대칭이 되도록
가로엮기

❷의 매듭 묶는 방법

왼쪽은 오른쪽과 대칭이
되도록 가로엮기

시작

18단

이렇게 1단

한매듭(펜던트를 끼움)

❶ 매듭끈 A의 중앙에 펜던
트를 끼우고 정면을 향하
도록 한매듭(8쪽 참고)

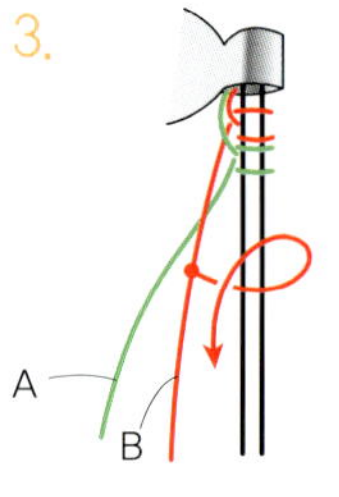

☆73쪽(69쪽의 57번)에 이어서

❷ 뒷면 왼쪽 레이스엮기(응용) 만드는 방법(뒷면 레이스엮기를 만드는 방법은 16쪽 참고)

1.

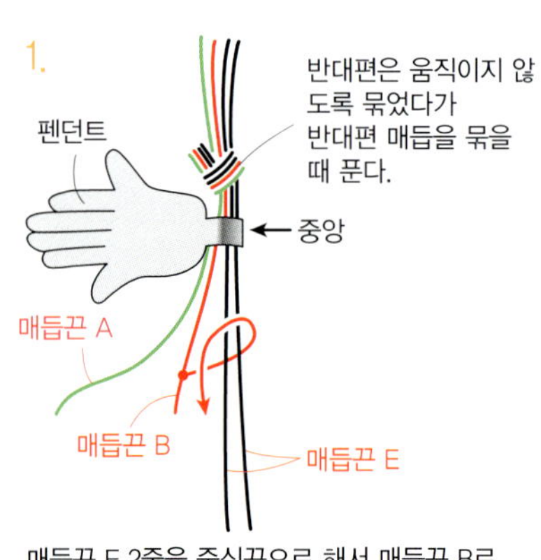

매듭끈 E 2줄을 중심끈으로 해서 매듭끈 B로
뒷면 왼쪽 레이스엮기 1회

2.

매듭끈 A를 B 위에 놓고, 매
듭끈 E 2줄을 중심끈으로 해
서 매듭끈 A로 뒷면 왼쪽 레
이스엮기 1회

3.

매듭끈 B를 A 위에 놓고,
매듭끈 E 2줄을 중심끈으
로 해서 매듭끈 B로 뒷면
왼쪽 레이스엮기 1회

4.

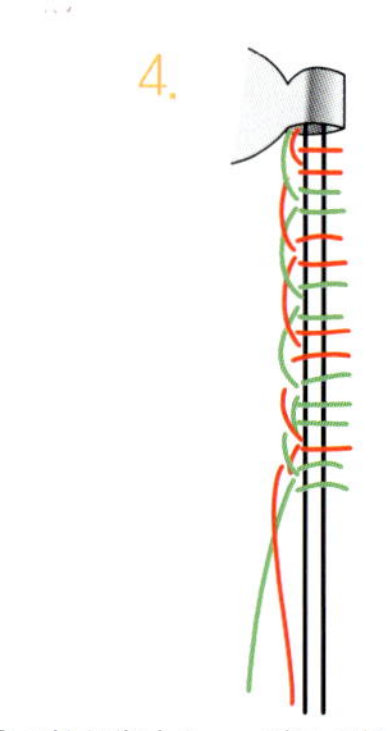

2, 3을 반복해서 8cm 정도 매듭을 묶는다.
③은 대칭이 되도록 오른쪽 뒷면 레이스엮
기로 같은 법으로 묶는다.

69쪽 파티마의 손 목걸이 57 ▲▲▲▲

사이즈…목 둘레 약 52cm

⑬ ❿~⓬와 같음
⑭ 3줄땋기를 한 끈 2줄에 앤티크 골드 장식을 끼운다.
⑫ 3줄땋기(14쪽 참고) 23cm
⑮ 3줄로 옭매듭
⑯ 매듭끈 D로 로프매듭(9쪽 참고) 1.5cm
⑪ 매듭끈 E 3줄로 옭매듭(8쪽 참고)
⑰ 3줄로 옭매듭
⑩ ⑥과 같은 방법으로 비즈를 끼운다. 매듭끈 A, B, C는 비즈에 숨기듯이 자른다.
6cm
⑨ 왼쪽 이중 평돌기매듭(응용) 4cm
④ 매듭끈 C와 E, 각 1줄을 가운데에 가지런히 놓고 메탈 비즈를 끼우며 왼쪽 레이스엮기(16쪽 참고) 6.5cm
⑧ 오른쪽 이중 평돌기 매듭(응용) 4cm
⑱ 금속 장식을 끼우고 옭매듭
⑲ ⓯~⓲과 같음
1cm
⑦ ❻과 같음
⑤ 오른쪽 레이스 엮기
중앙 (시작)
⑥ 끈 6줄을 뿔·뼈 비즈, 앤티크 골드 장식, 뿔·뼈 비즈 순으로 끼운다.
중앙 (시작)
③ 뒷면 오른쪽 레이스엮기(응용) 8cm
② 뒷면 왼쪽 레이스엮기(응용) 8cm
① 매듭끈 A, B, E 각 1줄을 부적 펜던트에 끼워 가운데에 오게 한다.

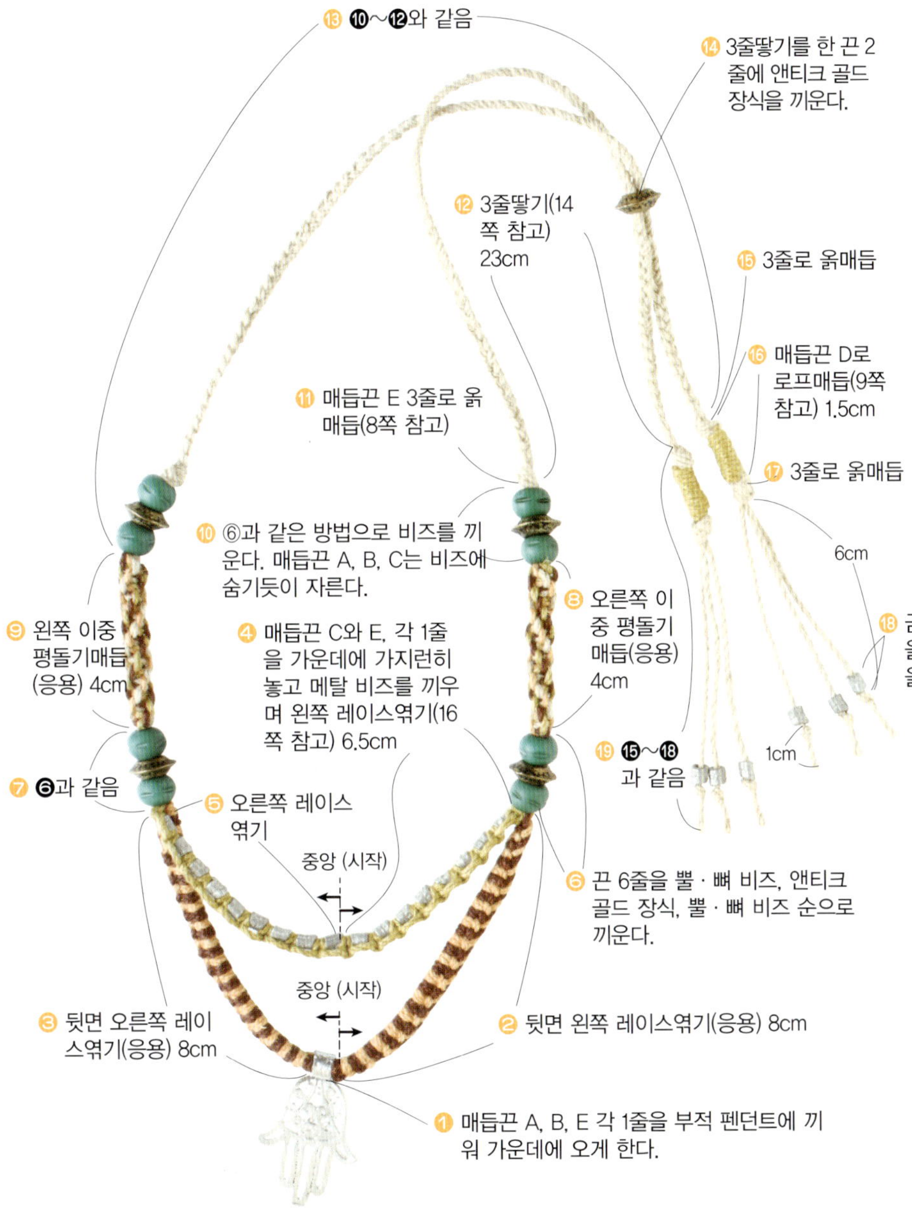

재료

- 햄프 끈
  - **매듭끈 A** Light brown(801) 200cm×1줄
  - **매듭끈 B** Brown(802) 200cm×1줄
  - **매듭끈 C** Khaki(603) 140cm×1줄
  - **매듭끈 D** Khaki(603) 30cm×2줄
  - **매듭끈 E** Natural(101) 160cm×3줄
- 메탈 비즈
  - 23개
- 뿔 · 뼈 비즈
  - 8개
- 앤티크 골드 장식
  - 5개
- 부적 펜던트
  - 파티마의 손 1개

⑧, ⑨ 이중 평돌기매듭 끈 배치하는 방법

매듭끈 A (A)
매듭끈 E (A)
매듭끈 C (B)
매듭끈 B (B)
매듭끈 E (중심끈)

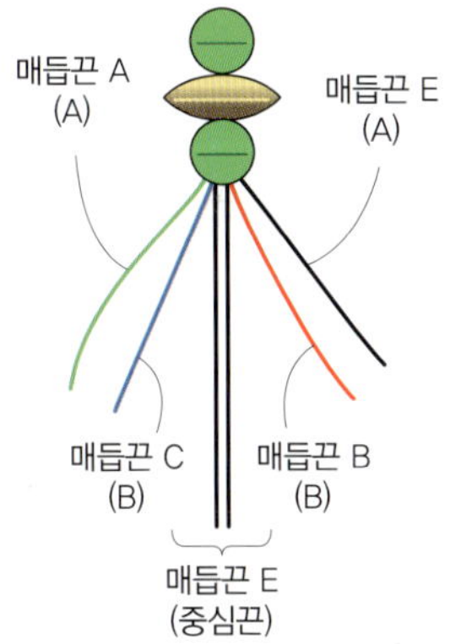

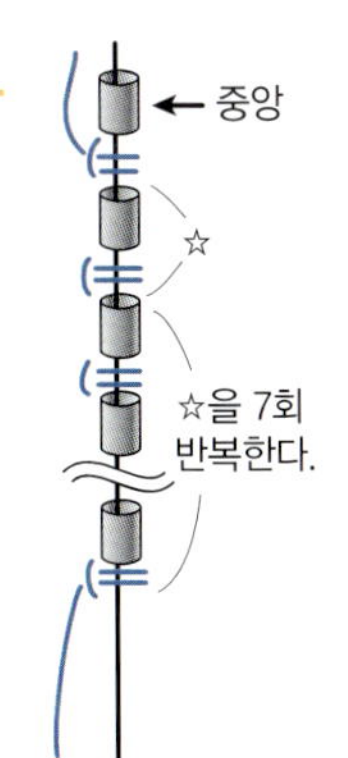

6줄의 끈을 그림처럼 배치해서 이중 평돌기매듭(12쪽 참고)으로 묶는다.

④ 금속 장식을 끼우는 방법

1.

중앙
매듭끈 C
매듭끈 E

반대쪽은 움직이지 않도록 묶어 둔다. 반대쪽 매듭을 묶을 때 푼다.

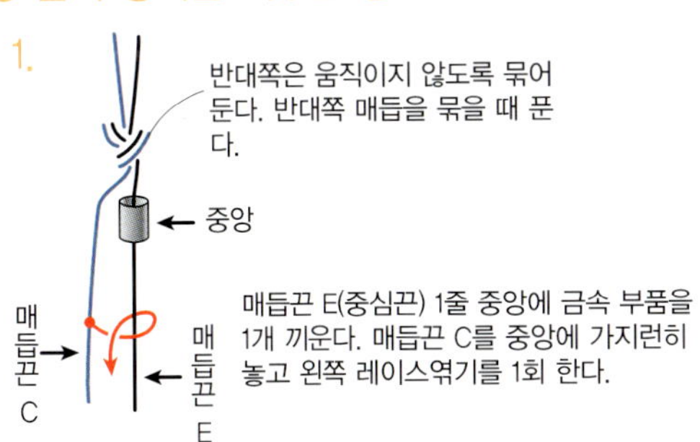

매듭끈 E(중심끈) 1줄 중앙에 금속 부품을 1개 끼운다. 매듭끈 C를 중앙에 가지런히 놓고 왼쪽 레이스엮기를 1회 한다.

2.

①
②

중심끈에 금속 부품을 끼우고 왼쪽 레이스엮기 1회

3.

중앙
☆
☆을 7회 반복한다.

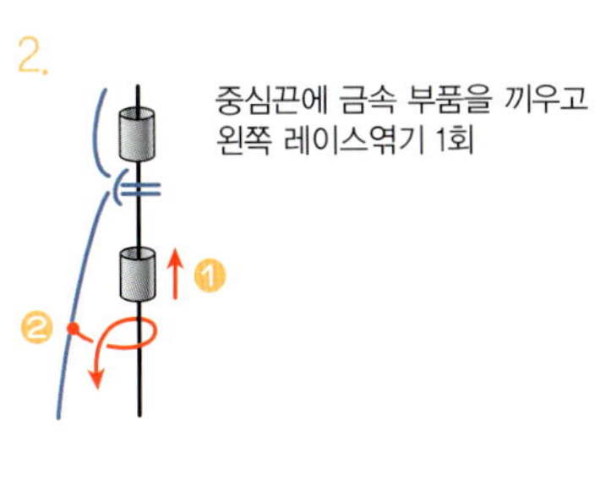

2를 반복해 금속 부품을 8개 끼운다. ⑤는 대칭이 되도록 2, 3과 같은 법으로 오른쪽 레이스엮기를 묶으면서 금속 부품을 8개 끼운다.

쿨 발찌 58 ▲▲▲▲

재료

- 햄프 끈

매듭끈 A Orange(703) 160cm×1줄
매듭끈 B Red brown(803) 160cm×1줄
매듭끈 C Indigo blue(504) 160cm×1줄
매듭끈 D Green(605) 160cm×1줄

❶의 매듭 묶는 방법

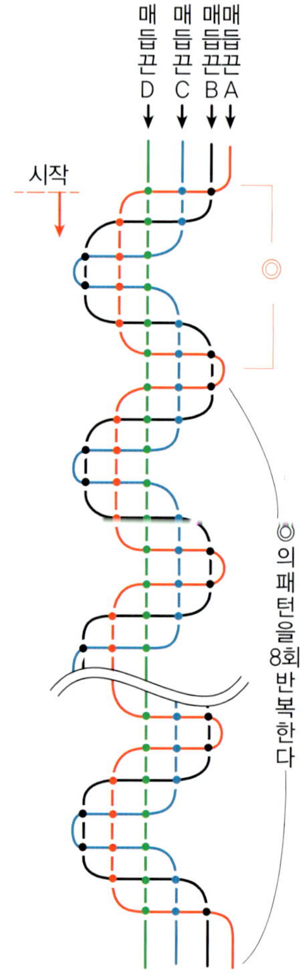

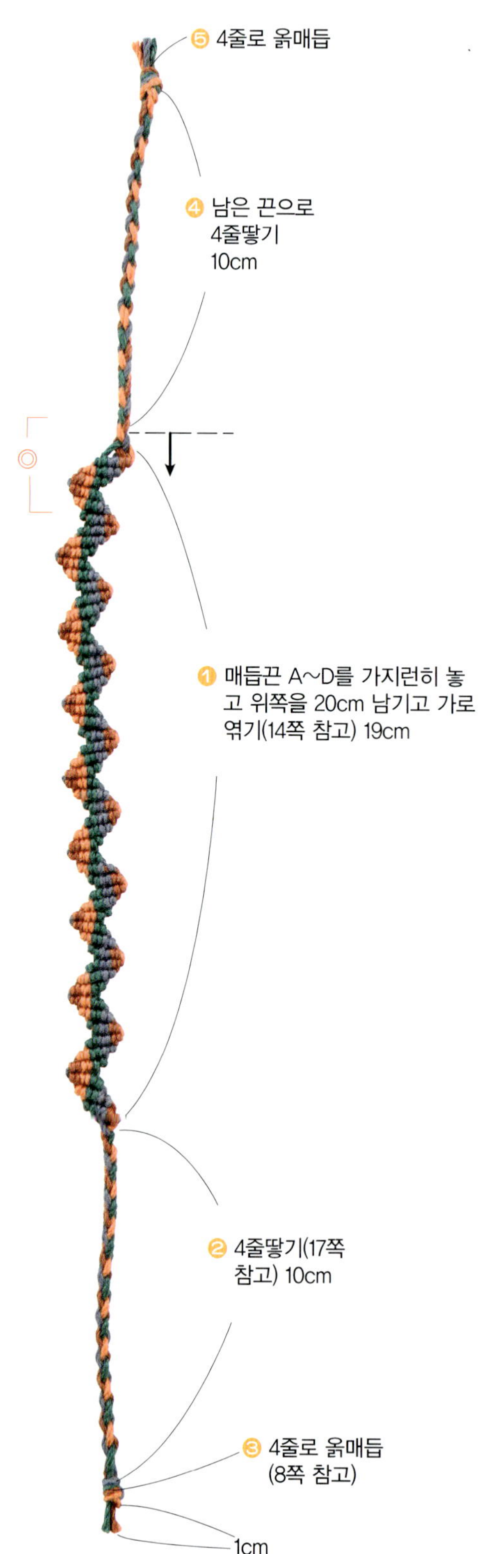

70 쪽

꽃 장식 카메라 스트랩 59, 60

사이즈…전체 길이 약 85cm(금속 부품 제외)

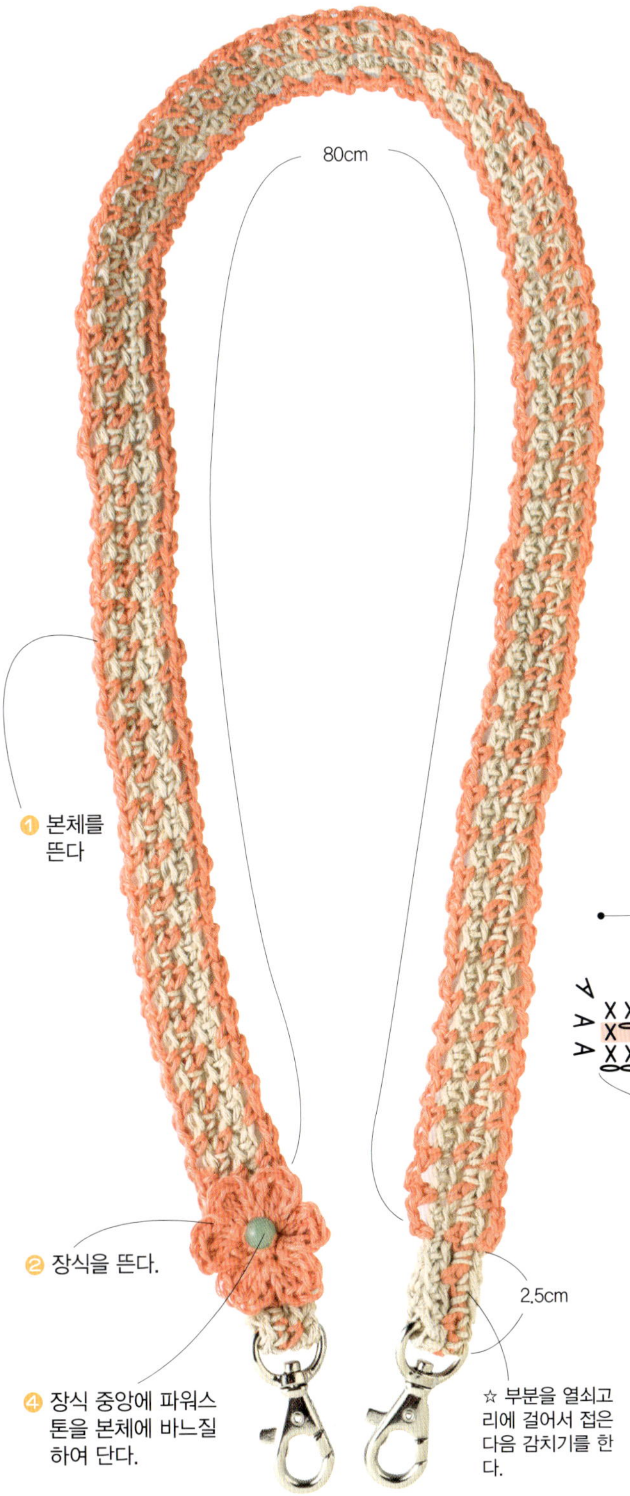
80cm
❶ 본체를 뜬다
❷ 장식을 뜬다.
❹ 장식 중앙에 파워스톤을 본체에 바느질하여 단다.
2.5cm
☆ 부분을 열쇠고리에 걸어서 접은 다음 감치기를 한다.

공통 도구

6/0호 코바늘
제본바늘

59번 재료

- 햄프 끈

엮는 끈 A Natural(101) 20m×1줄
엮는 끈 B Light pink(401) 20m×1줄

- 파워스톤

둥근 구슬 8mm 아벤츄린 1개

- 금속 부품

열쇠고리 2개

60번 재료

- 햄프 끈

엮는 끈 A Dark Blue(503) 20m×1줄
엮는 끈 B Violet Mix(304) 20m×1줄

- 파워스톤

둥근 구슬 8mm 로즈쿼츠 1개

- 금속 부품

열쇠고리 2개

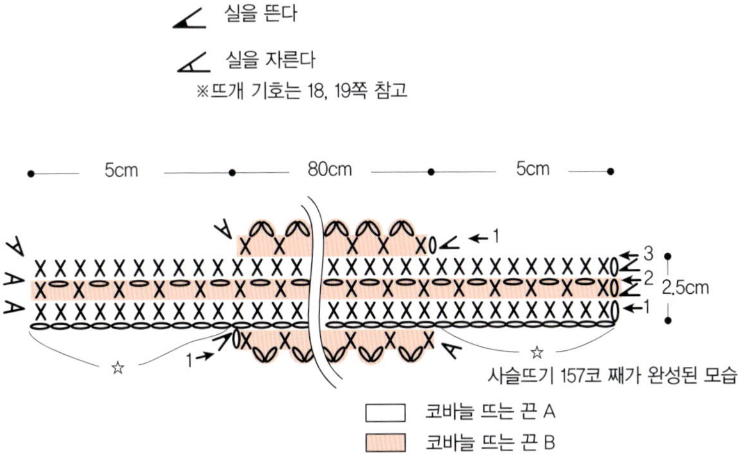
실을 뜬다
실을 자른다
※뜨개 기호는 18, 19쪽 참고
5cm
80cm
5cm
3
2
1
2.5cm
1
☆
사슬뜨기 157코 째가 완성된 모습
코바늘 뜨는 끈 A
코바늘 뜨는 끈 B

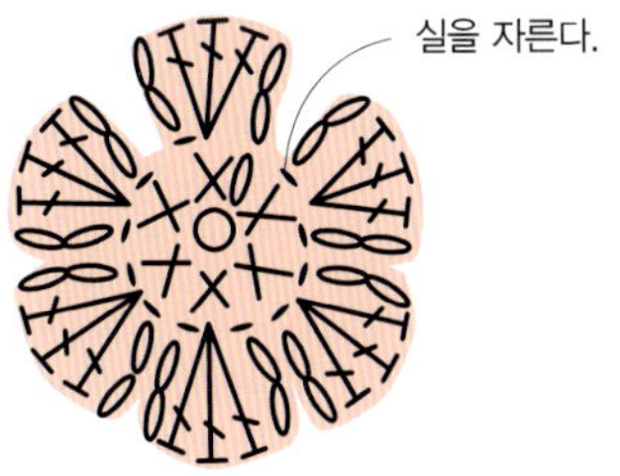
실을 자른다.

내추럴 카메라 스트랩 61 ▲▲▲▲

재료

- 햄프 끈
  엮는 끈 Natural(101) 15m×1줄
  매듭끈 Natural(101) 50cm×2줄
- 재활용 실크 털실
  중심끈 100cm×10줄
- 금속 부품
  열쇠고리 2개

도구

6/0호 코바늘
제본바늘

❶ 재활용 실크 털실을 100cm씩 10줄로
  잘라서 한 묶음으로 묶는다.

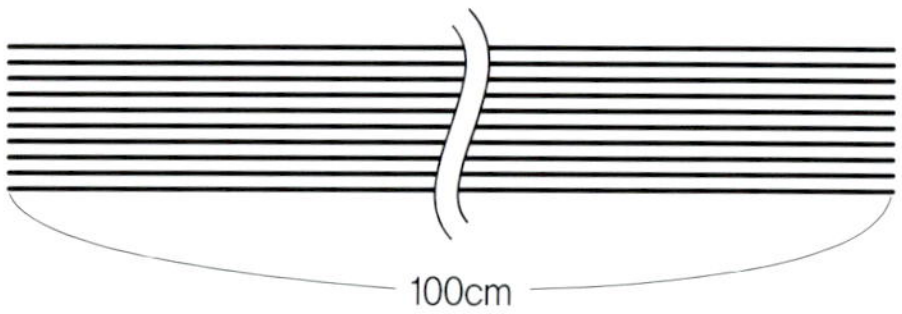

100cm

❷ ❶을 중심끈으로 하고, 엮는 끈
  으로 짧은뜨기를 해서 중심끈을
  싼다.

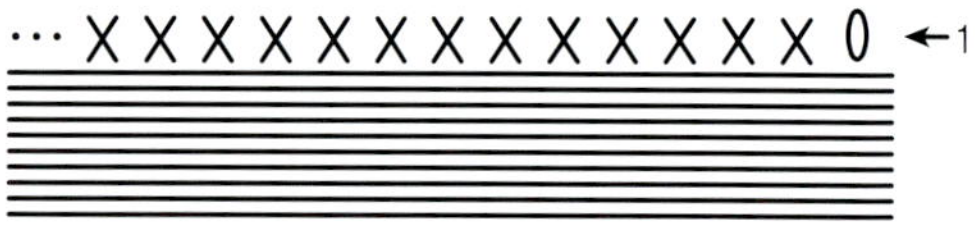

··· ×××××××××××× 0 ←1

※ 뜨개 기호는 18, 19쪽 참고

❸ 80cm 정도 뜨면 열쇠고리에 재활용 실크 털실(뜨지 않은
  부분)을 걸고, 매듭끈으로 로프매듭(9쪽 참고) 1.5cm
  (중심끈이 되는 재활용 실크 털실에 접착제를 바른다.)

80cm

1.5cm

❷ 감아뜨기

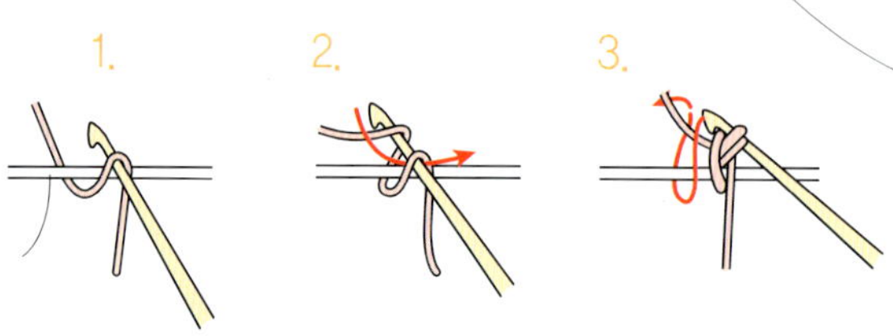

1.

재활용 실크 털실
아래쪽에서 바늘을
넣어 바늘에 실을
걸어 당겨 뺀다.

2.

바늘에 실을 걸고 화
살표 방향으로 당겨
뺀다.

3.

사슬코 1코가 완성되었
다. 가까운 쪽에서부터
바늘을 아래로 빼내며
짧은뜨기를 뜬다.

독특한 카메라 스트랩 62 ▲▲▲▲

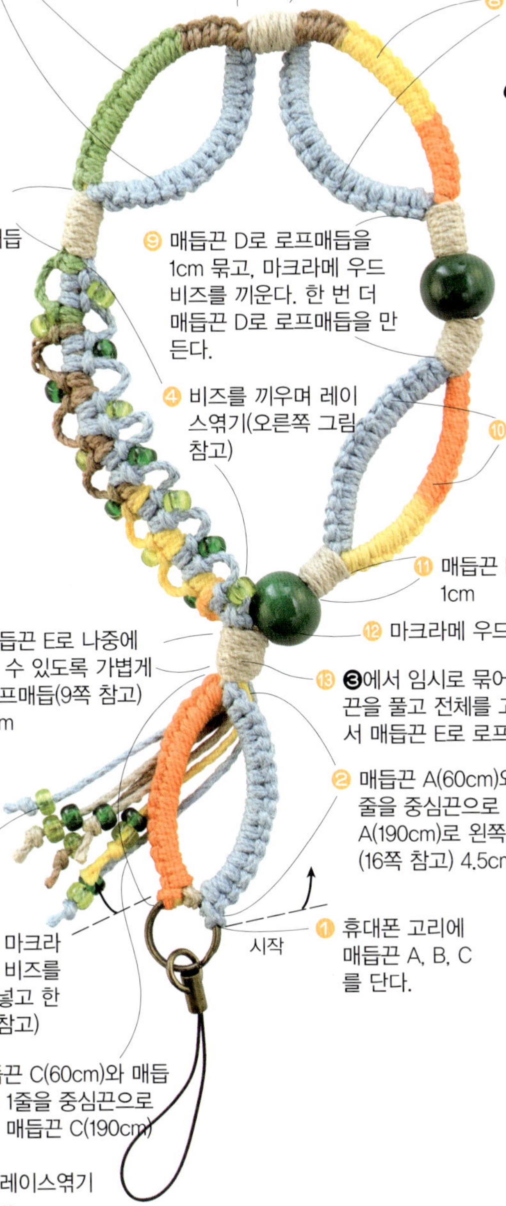

⑥ ❷, ❷'와 같음

⑦ ❺와 같음

⑧ ❷, ❷'와 같음

⑤ 매듭끈 D 로 로프매듭 1cm

⑨ 매듭끈 D로 로프매듭을 1cm 묶고, 마크라메 우드 비즈를 끼운다. 한 번 더 매듭끈 D로 로프매듭을 만든다.

④ 비즈를 끼우며 레이스엮기(오른쪽 그림 참고)

⑩ ❷, ❷'와 같음

⑪ 매듭끈 D로 로프매듭 1cm

⑫ 마크라메 우드 비즈를 끼운다.

③ 매듭끈 E로 나중에 풀 수 있도록 가볍게 로프매듭(9쪽 참고) 1cm

⑬ ❸에서 임시로 묶어 두었던 매듭끈을 풀고 전체를 고리로 만들어서 매듭끈 E로 로프매듭 1cm

❷ 매듭끈 A(60cm)와 매듭끈 B 1줄을 중심끈으로 하고 매듭끈 A(190cm)로 왼쪽 레이스엮기 (16쪽 참고) 4.5cm

① 휴대폰 고리에 매듭끈 A, B, C 를 단다.

⑭ 끈의 끝에 마크라메 글래스 비즈를 1~2개씩 넣고 한 매듭(8쪽 참고)

시작

❷' 매듭끈 C(60cm)와 매듭끈 B 1줄을 중심끈으로 하고 매듭끈 C(190cm) 로 왼쪽레이스엮기 4.5cm

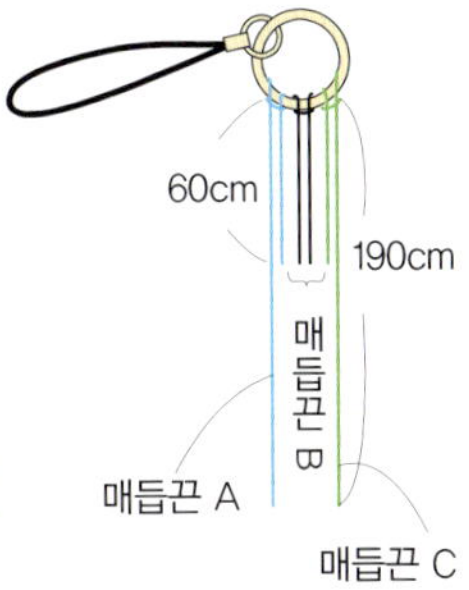

재료

- **햄프 끈**
  - **매듭끈 A** Dark Blue(503) 250cm×1줄
  - **매듭끈 B** Natural(101) 120cm×1줄
  - **매듭끈 C** Rainbow mix(303) 250cm×1줄
  - **매듭끈 D** Natural(101) 40cm×5줄
  - **매듭끈 E** Natural(101) 50cm×1줄
- **마크라메 글래스 비즈 미니**
  - 녹색 10개
  - 황록 12개
- **마크라메 우드 비즈**
  - 14mm 녹색 2개
- **금속 부품**
  - 휴대폰 고리 1개

④의 매듭 묶는 방법

1.

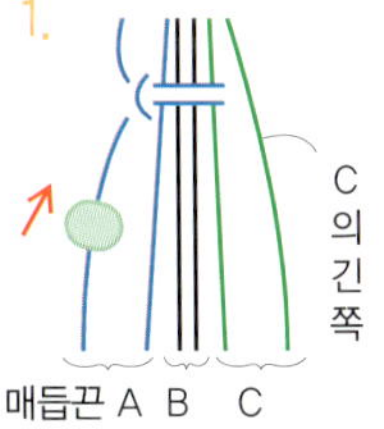

매듭끈 A, B, C를 그림과 같이 나란히 놓고 A의 긴 쪽 끈으로 왼쪽 레이스엮기 1회. 마크라메 글래스 비즈 미니(황록)를 끼운다.

2.

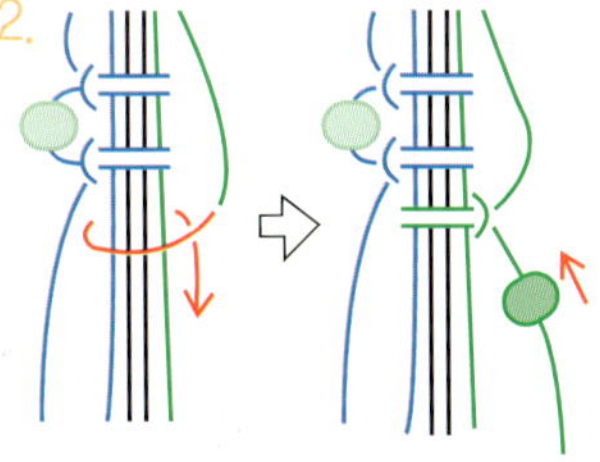

매듭끈 A로 왼쪽 레이스엮기 1회. C의 긴 쪽 끈으로 오른쪽 레이스엮기 1회. 마크라메 글래스 비즈 미니(녹색)를 끼운다.

3.

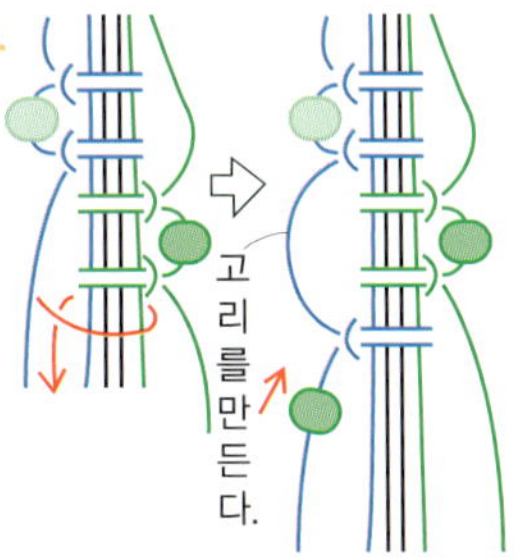

매듭끈 C로 오른쪽 레이스 엮기 1회. 매듭끈 A로 왼쪽 레이스엮기 1회. 비즈와 비즈 사이에는 고리를 만든다. 마크라메 글래스 비니(녹색)를 끼운다.

4.

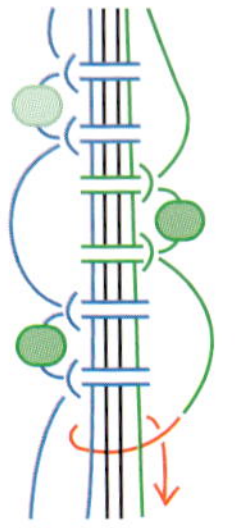

매듭끈 A로 왼쪽 레이스엮기 1회. 매듭끈 C로 오른쪽 레이스엮기 1회. 길게 뻗은 부분에는 고리를 만든다.

5.

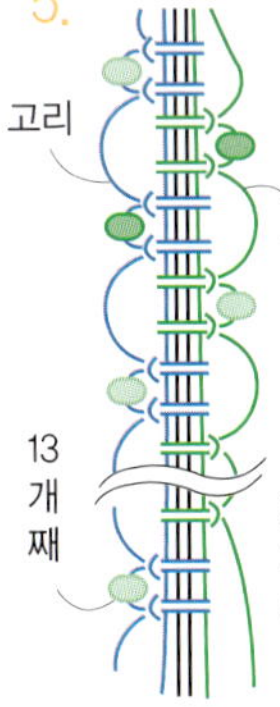

좌우 2회씩 레이스엮기를 묶으면서 비즈를 총 13개 끼운다.

❶의 다는 방법

1. 매듭끈을 반으로 접어 휴대폰 고리 위에 올린다.

2. 매듭끈의 고리를 반대편으로 접은 다음 매듭끈을 그림처럼 고리 안으로 넣는다.

3. 매듭끈을 당겨 조인다.

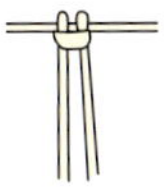

넥 스트랩 NECK STRAP

3가지 색의 햄프로 3줄땋기로 만들 수 있는
매우 간단한 스트랩
카드케이스나 휴대전화 등
자주 사용하는 물건을 목에 걸어 보세요.

3줄땋기, 로프매듭

• 만드는 법 : 80쪽
• 디자인 : marchen-art-studio

지갑 체인 WALLET CHAIN

동근 4줄접기, 8줄땋기
사선엮기, 로프매듭

• 만드는 법 : 81쪽
• 디자인 : tama5

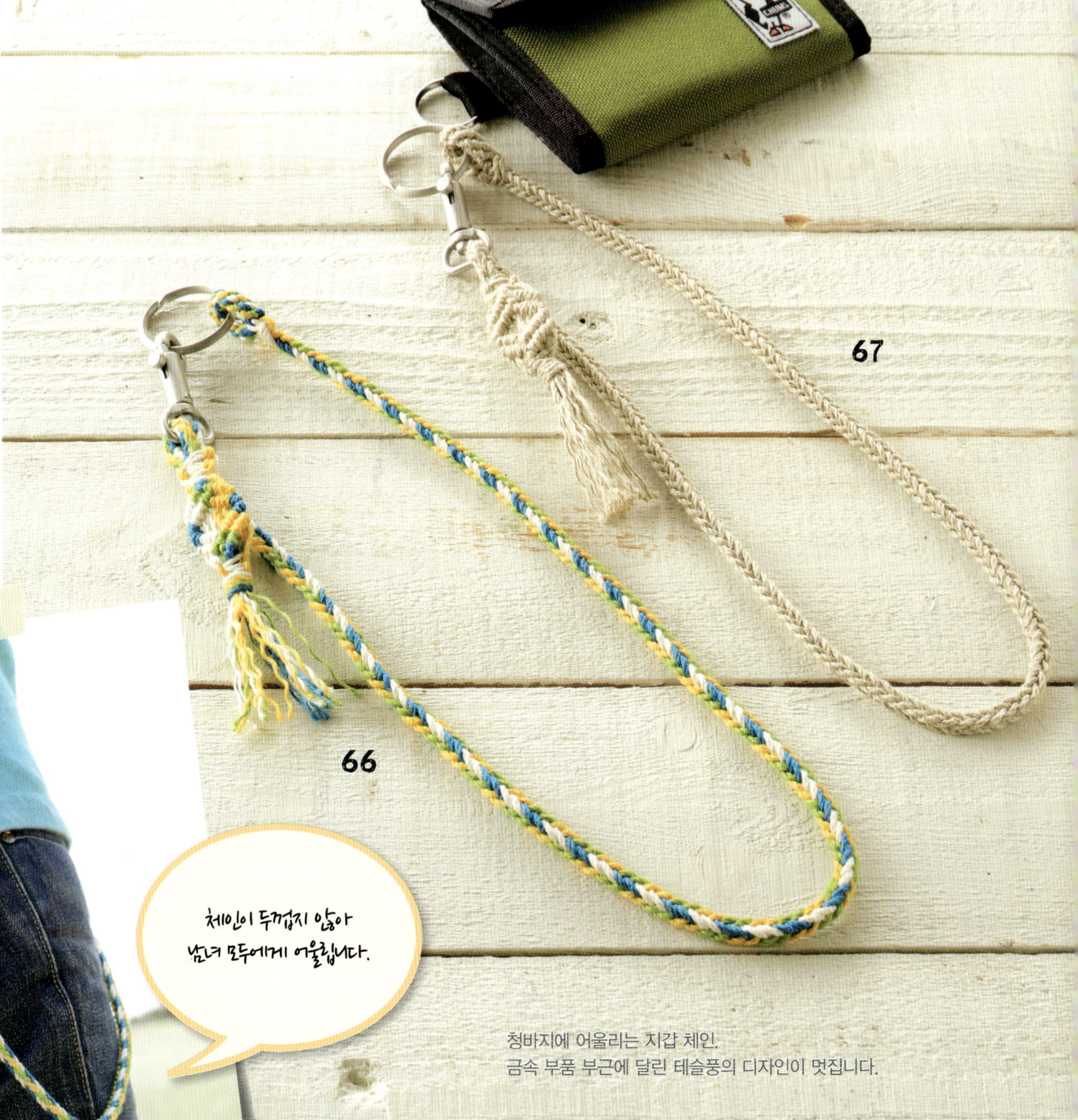

67

66

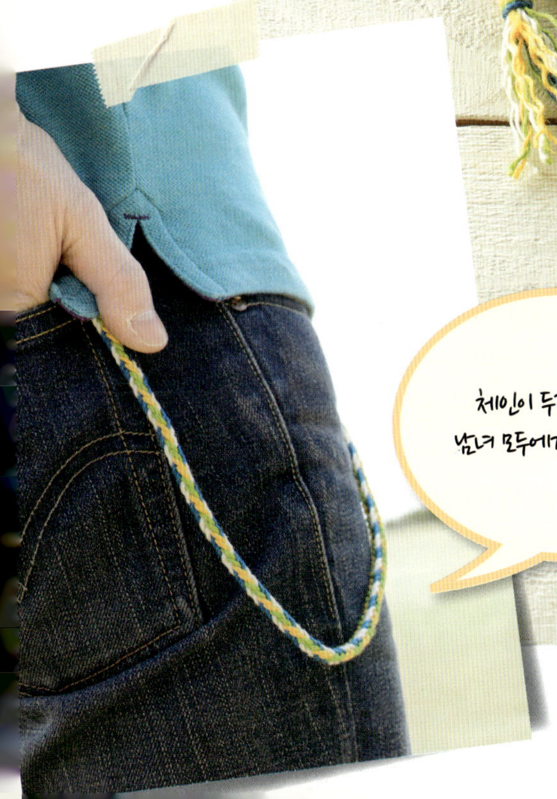

청바지에 어울리는 지갑 체인.
금속 부품 부근에 달린 테슬풍의 디자인이 멋집니다.

삼색 넥 스트랩 63, 64, 65 ▲▲▲

사이즈⋯약 40cm(금속 부품 제외)

공통 재료

- 금속 부품
  휴대폰 고리 1개

63번 재료

- 햄프 끈
  Yellow(702) 200cm×1줄
  Wine(404) 200cm×1줄
  Indigo blue(504) 200cm×1줄

64번 재료

- 햄프 끈
  Hot pink(405) 200cm×1줄
  Green yellow(701) 200cm×1줄
  Sky blue(502) 200cm×1줄

65번 재료

- 햄프 끈
  White(201) 200cm×1줄
  Red(403) 200cm×1줄
  Dark Blue(503) 200cm×1줄

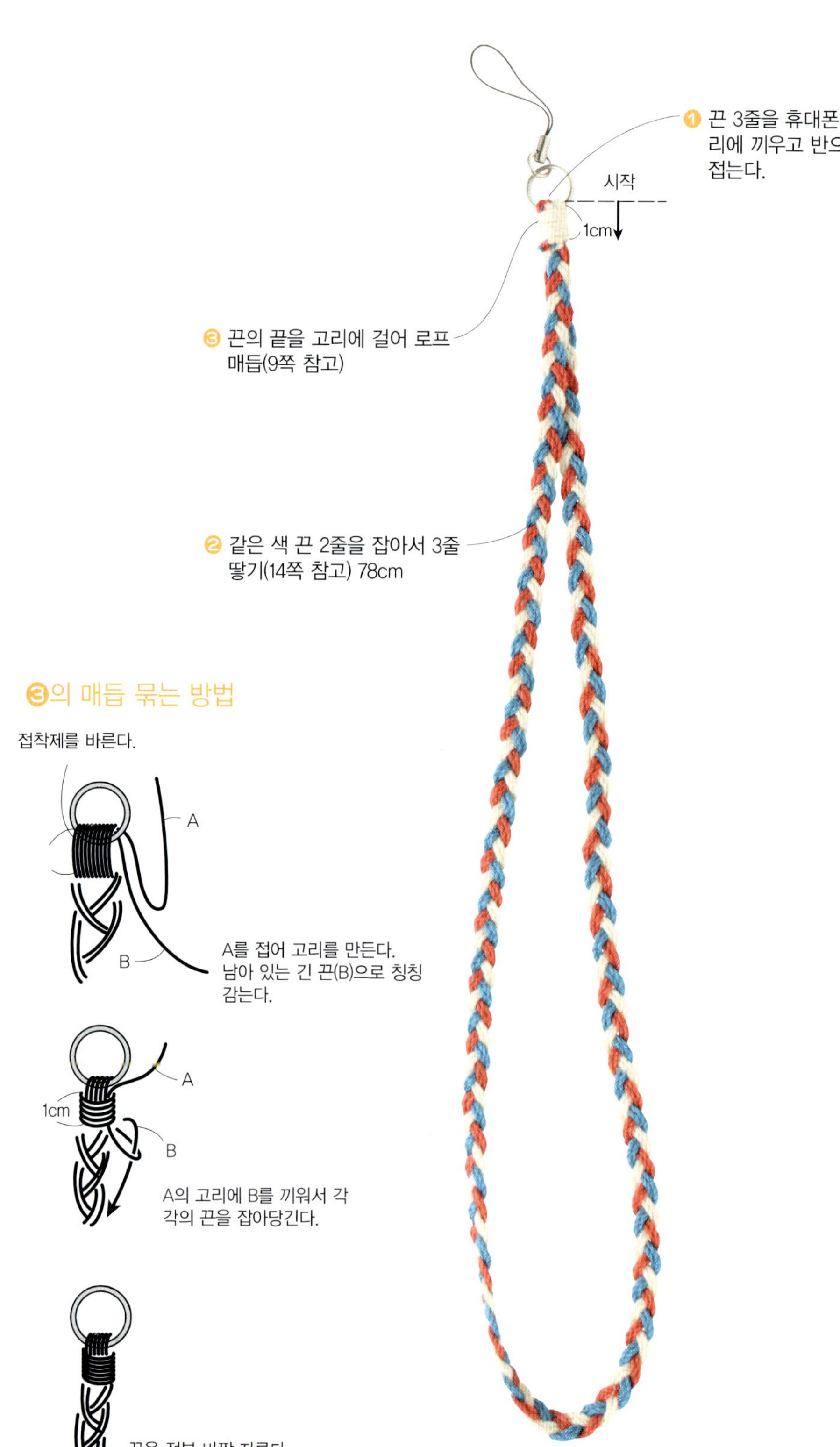

❸의 매듭 묶는 방법

접착제를 바른다.

A를 접어 고리를 만든다.
남아 있는 긴 끈(B)으로 칭칭
감는다.

A의 고리에 B를 끼워서 각
각의 끈을 잡아당긴다.

끈을 전부 바짝 자른다.

지갑 체인 66, 67 ▲▲▲▲

① 매듭끈 A~D의 중앙에 4줄 둥근접기(11쪽 참고) 5cm

② 임시로 묶고, ①을 열쇠고리에 끼워서 매듭끈 A, B 각 2줄을 잡아서 왼쪽 평매듭(57쪽 참고) 1회

③ 매듭끈 A~D로 8줄땋기(13쪽 참고) 55cm

④ 가방 고리를 끼우고 묶은 부분을 2cm 되접어 꺾는다.

⑤ 되접어 꺾은 부분을 중심끈으로 하고 매듭끈 A, B 각 2줄을 잡아서 왼쪽 평매듭 1회

⑥ 매듭을 묶지 않은 부분의 끈을 중심끈으로 하고 매듭끈 A 1줄, B 1줄로 왼쪽 평매듭 1회

⑦ 아래 그림을 참고해서 사선엮기(15쪽 참고)

⑧ 매듭끈 C, D를 중심끈으로 하고 매듭끈 A 1줄, B 1줄로 왼쪽 평매듭 1회

⑩ 꼬여 있던 끈을 풀어서 가지런히 놓고 자른다.

⑨ 각 색의 끈 1줄씩, 총 4줄로 옭매듭(8쪽 참고)

시작

공통 재료

- **금속 부품**
  가방 고리 1개
  키링 1개

66번 재료

- **햄프 끈**
  매듭끈 A White(201) 250cm×1줄
  매듭끈 B Yellow(702) 250cm×1줄
  매듭끈 C Sky blue(502) 250cm×1줄
  매듭끈 D Green yellow(701) 250cm×1줄

67번 재료

- **햄프 끈**
  매듭끈 Natural(101) 250cm×4줄

⑦의 매듭 묶는 방법

매듭끈 A   C   D   B

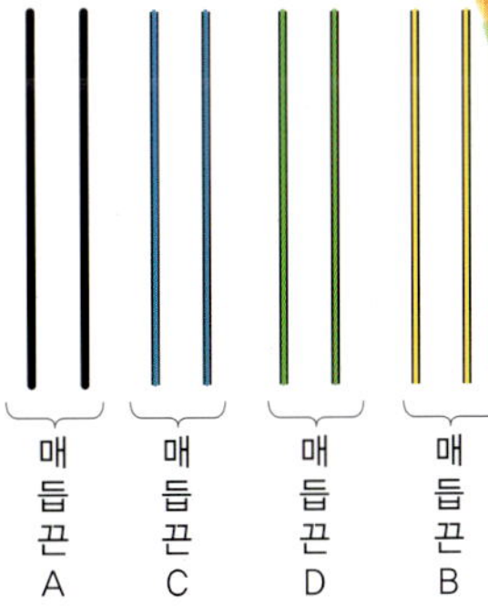

①의 끈 배치 방법

③의 끈 배치 방법

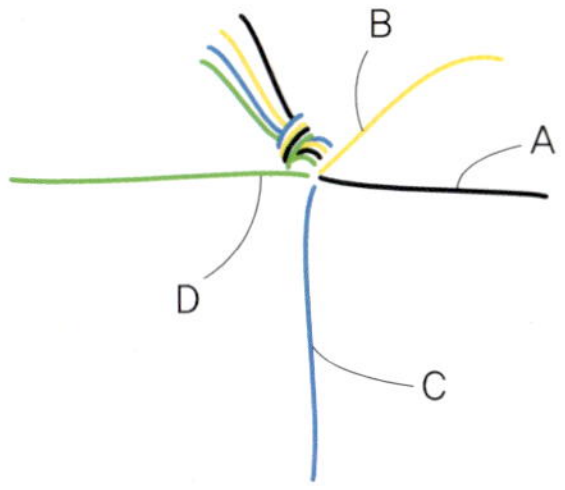

키홀더 KEY HOLDER

독특한 배색과 꽃 장식의
신비스러운 디자인이 이국적인 열쇠고리.
우드 비즈를 단 술 장식도 개성적이에요!

레이스엮기

• 만드는 법 : 84쪽
• 디자인 : marico

68

69

70

71

버섯 스트랩 MUSHROOM STRAP

버섯을 코바늘뜨기로 만들었습니다.
다양한 크기와 색으로 만들면 너무 귀여워요!

코바늘 뜨기

• 만드는 법 : 85쪽
• 디자인 : marchen-art studio

키홀더 68, 69, 70, 기 ▲▲▲

사이즈…약 13cm(금속 부품 제외)

공통 재료

- 마크라메 부자재
  벳코 링 27mm 1개
- 금속 부품
  키홀더 부품 1개

68번 재료

- 햄프 끈
  매듭끈 A Light Pink(401) 140cm×1줄
  매듭끈 B Violet Mix(304) 70cm×1줄
  매듭끈 C Violet Mix(304) 140cm×1줄
- 컬러풀 우드 비즈
  둥근 구슬 8mm 레드 계열 4개
  둥근 구슬 6mm 레드 계열 8개

69번 재료

- 햄프 끈
  매듭끈 A Yellow(702) 140cm×1줄
  매듭끈 B Party Mix(307) 70cm×1줄
  매듭끈 C Party Mix(307) 140cm×1줄
- 컬러풀 우드 비즈
  둥근 구슬 8mm 옐로우 계열 4개
  둥근 구슬 6mm 옐로우 계열 8개

70번 재료

- 햄프 끈
  매듭끈 A Sky blue(502) 140cm×1줄
  매듭끈 B Violet Mix(304) 70cm×1줄
  매듭끈 C Violet Mix(304) 140cm×1줄
- 컬러풀 우드 비즈
  둥근 구슬 8mm 레드 계열 4개
  둥근 구슬 6mm 레드 계열 8개

71번 재료

- 햄프 끈
  매듭끈 A Green yellow(701) 140cm×1줄
  매듭끈 B Rainbow mix(303) 70cm×1줄
  매듭끈 C Rainbow mix(303) 140cm×1줄
- 컬러풀 우드 비즈
  둥근 구슬 8mm 그린 계열 4개
  둥근 구슬 6mm 그린 계열 8개

❶ 금속 부품에 매듭끈 A, B, C를 단다(다는 방법은 77쪽의 ❶ 다는 방법과 같음).

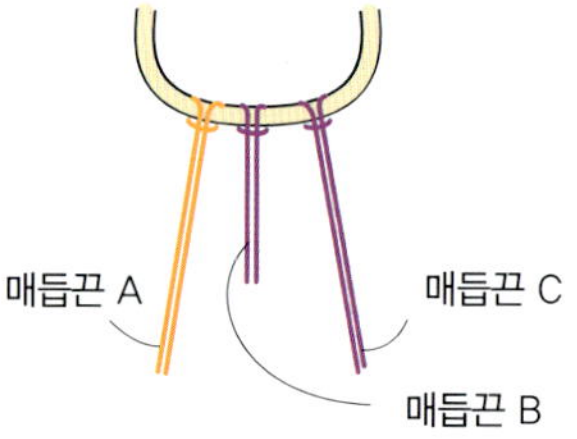

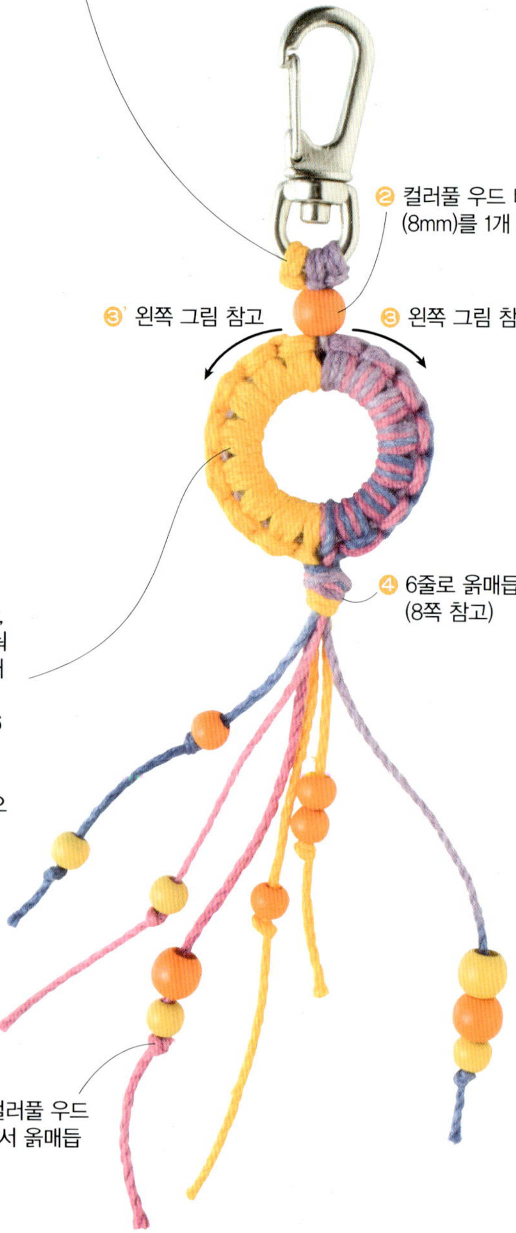

❷ 컬러풀 우드 비즈 (8mm)를 1개 끼운다.

❸' 왼쪽 그림 참고

❸ 왼쪽 그림 참고

❹ 6줄로 옭매듭 (8쪽 참고)

❸ 매듭끈을 3줄씩(오른쪽은 C 2줄, B 1줄, 왼쪽은 A 2줄, B 1줄) 나눠서 벳코 링과 가운데의 끈 1줄(매듭끈 B)을 중심끈으로 하고 2줄을 잡아서 오른쪽 레이스엮기(16쪽 참고)로 벳코 링의 절반까지 매듭을 묶는다. ❸'도 왼쪽 레이스엮기(16쪽 참고)로 같은 방법으로 반대 방향을 묶는다.

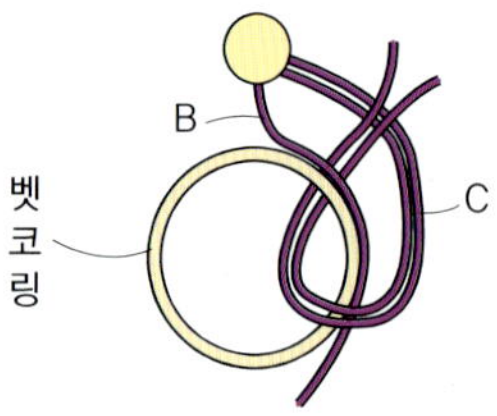

❺ 끈의 끝에 컬러풀 우드 비즈를 끼워서 옭매듭

버섯 스트랩 72, 73, 74, 75, 76, 77

사이즈···74, 75=5cm, 73, 77=5cm, 72, 76=3.5cm(고리 길이는 전부 제외)

74, 75
갓〈큰 것〉
+
몸통〈큰 것〉

73, 77
갓〈작은 것〉
+
몸통〈큰 것〉

72, 76
갓〈작은 것〉
+
몸통〈큰 것〉

공통 도구

5/0호 코바늘
제본바늘

72번 재료

• 햄프 끈
뜨개실 A Party Mix(307) 350cm×1줄
뜨개실 B Natural(101) 250cm×1줄

73번 재료

• 햄프 끈
뜨개실 A Yellow(702) 350cm×1줄
뜨개실 B White(201) 300cm×1줄

74번 재료

• 햄프 끈
뜨개실 A Rasta Mix(302) 550cm×1줄
뜨개실 B Natural(101) 300cm×1줄

75번 재료

• 햄프 끈
뜨개실 A Hot pink(405) 550cm×1줄
뜨개실 B White(201) 300cm×1줄

76번 재료

• 햄프 끈
뜨개실 A Green yellow(701) 350cm×1줄
뜨개실 B White(201) 250cm×1줄

77번 재료

• 햄프 끈
뜨개실 A Brown Mix(301) 350cm×1줄
뜨개실 B Natural(101) 300cm×1줄

❷ 73, 74, 75, 77은 몸통〈큰 것〉을, 72, 76은 몸통〈작은 것〉을 뜬다.

끈을 20cm 남긴다.

몸통〈큰 것〉〈작은 것〉

몸통〈작은 것〉은 6단을 뜬다.

❶ 74, 75는 갓〈큰 것〉을, 72, 73, 76, 77은 갓〈작은 것〉을 뜬다.
※ 뜨개 기호는 18, 19쪽 참고

갓〈큰 것〉

갓〈작은 것〉

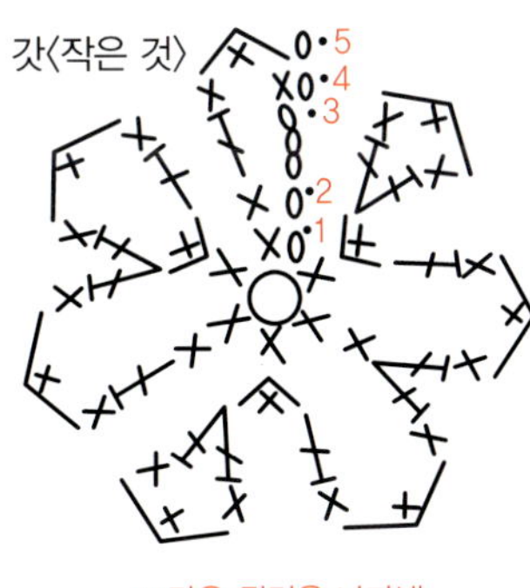

❸ ❷에서 남은 끈을 갓의 한가운데에 끼워서 고리를 만든다. 갓 안쪽으로 집어넣어서 떨어지지 않게 몸통 안쪽에 하나로 묶는다.

※갓은 뒷면을 나타냄

삶에 긍정적 변화를 일으키는
터닝포인트 책들!

No 007

친절한 홈패션&리넨 DIY

이영란 지음
248쪽 |19,800원
동영상 강의 DVD, 실물본 포함

No 010

친절한 천연비누 DIY

이인수 지음
253쪽 |18,800원
동영상 강의 DVD 포함

No 013

친절한 퀼트가방&소품 DIY

김윤경, 송희경, 안세란, 이정실, 정민자
지음
188쪽 |18,000원
동영상 강의 무료 다운로드 포함

No 017

친절한 코바늘 손뜨개 입문 DIY

니뜨 지음 | 유화숙 감수
191쪽 |16,800원
동영상 강의 DVD 포함

No 018

친절한 대바늘 손뜨개 입문 DIY

니뜨 지음 | 유화숙 감수
208쪽 |17,800원
동영상 강의 DVD 포함

**매일매일 내 아이를 빛나게 하는
여자아이 헤어스타일**

코지 프리드먼, 셰릴 버크 지음 |
임유라 옮김
197쪽 | 16,000원

**상위 1%가 즐기는 똑똑한
두뇌퍼즐**

이반 모스코비치 지음 | 이현
정 옮김
445쪽 | 15,000원

**상위 1%가 즐기는 창의 수학 퍼즐
1000**

이반 모스코비치 지음 | 이현정 옮
김 | 박범익 감수
432쪽 | 25,000원

No. 001

카네이션 펠트 DIY

펠트하우스 지음
48쪽 | 19,800원
카네이션 볼펜, 카네이션 브로치 2개,
카네이션 카드, 카네이션 펠트 마카롱,
카네이션 카드지갑 수록

HEMP STORY

햄프(HEMP) 마 끈을 이용하여 다양한 액세서리를 100% 핸드메이드로 만들 수 있습니다.
햄프는 독립, 치유, 자유, 자생의, 스스로, 생명, 구제자, 평화, 생명력 · 활력 등을 상징합니다.

햄프 가격

1mm 타입	내츄럴	6,000원		0.7mm 타입	내츄럴	4,500원
50m 1개당	단색 컬러	7,000원		50m 1개당	단색 컬러	5,000원
	믹스 컬러	8,000원			믹스 컬러	5,500원

이솜하우스

서울 용산구 백범로 99길 46 　전화 070-7562-9281 | fax 02-6937-1942 | hempstory@gmail.com
쇼핑몰　2somhouse.co.kr　매듭 공방 macrame.co.kr